不毛な人材獲得競争
から脱却！

中小企業のための

A New Recruitment Strategies for Small and Medium Enterprises

新しい
採用戦略

渡邉 崇
Watanabe Takashi

幻冬舎MC

不毛な人材獲得競争から脱却！
中小企業のための
新しい採用戦略

はじめに

中小企業の労働力不足が深刻化しています。

求職者1人に対する求人数を示す有効求人倍率を見ると、従業員数5000人を超えるような大手企業の有効求人倍率はほとんど1倍未満ですが、中小企業は業種によって3倍から5倍に達します（リクルートワークス研究所「第40回ワークス大卒求人倍率調査」2023年）。つまり大手企業は1つの求人枠を複数の応募者がとり合っているのに対し、中小企業は1人の働き手を3〜5社でとり合っているのです。

多くの求職者がインターネット上の求人広告から応募をしたり、複数の求人サイトに登録したりして、仕事探しを行っています。大手企業が知名度の高さや福利厚生の充実、そして企業の安定性をアピールする求人広告で多くの応募者を集める一方で、魅力的な条件を示せない中小企業は採用難に陥り、採用環境は二極化しています。

私は現在、採用広告の制作ディレクターとして大小さまざまな企業のブランディングに関わり、採用や人材育成の戦略立案を行っています。高校卒業後に入社したリクルートで求人広告の制作に携わって以来、都市部の大手企業から地方の中小企業まで幅広い層の企業の採用を支援してきました。

人材確保は急務ではあるものの、思うように採用できていない中小企業の現状に、私はこれまでの経験から、大手企業と比べて採用のために十分なリソースを割けない中小企業こそ、採用の視点と方法を根底から変えなければならないと考えるようになりました。つまり、大手企業とは異なる視点と発想を持ち、違う土俵で戦わなければならないということです。しかし現状は大手企業と同じアプローチ方法で採用を行う中小企業ばかりで、人手不足を解消できずにいました。

そこで注目したのが、高齢者、フリーター、障がい者、フルタイムで働けない人たちなど、就労困難とされる人たちです。大手企業が敬遠しがちなこの層を、本書では「就職弱者」層と位置付けました。

就職弱者のなかには、「自分は正社員にはなれないだろう」「普通の人のように働くのは無理だろう」と思い込んでいる人も多くいます。しかし、優秀な人や働くモチベーションが高い人たちも多く、働く機会を渇望している人がいるのも事実です。人手不足が深刻化する社会では、彼らは事業や経営を維持していくために欠かすことのできない労働力であり、企業側が間口を広げ、「就職弱者」層に焦点を合わせる採用戦略へと変革していくことが、彼らのポテンシャルを活かしつつ中小企業の労働力確保につながってくるのです。

実際に、私が支援する中小企業は就職弱者をターゲットとする採用戦略に変えたことで労働力不足の課題が解決しました。経験重視で雇用した高齢者が即戦力となって企業の成長に結びついたり、障がい者の雇用で事務作業の負担を軽減できたりしたケースもあります。

本書では、就職弱者に目を向ける採用戦略と、彼らが適材適所で活躍できる組織づくりについてまとめています。また、彼らにアプローチする媒体選びの考え方や採用面接での注意点といった細かなポイントを押さえながら、採用力強化の道筋を示します。就職弱者に目を向ける新たな採用戦略の構築が、労働力不足の時代を勝ち抜く一助となれば幸いです。

目次

第1章
採用戦国時代で人手不足にあえぐ中小企業

加速する少子高齢化、減り続ける生産年齢人口

第2章

就職強者を狙うと採用は失敗する

第3章

中小企業は「就職弱者」を採用しなさい

第4章

自社にとって戦力となる就職弱者を採用するためのポイント

募集要項の作成、採用媒体への掲載、面接……

第5章

就職弱者を採用・育成し、人材難の時代を勝ち抜く

2040年、1100万人の労働力不足に陥る日本

第1章

加速する少子高齢化、減り続ける生産年齢人口

採用戦国時代で人手不足にあえぐ中小企業

「まさか、あの会社が？」
多くの企業が人手不足に悩む日本

国内の生産年齢人口の減少に伴い、企業の採用はますます厳しくなっています。帝国データバンクが大企業1704社、中小企業9404社を対象に、2023年4月に行った動向調査によると、「従業員が不足している」と感じる企業は全体の51・4％を占めていることが分かりました。このような人手不足に対して企業ではさまざまな対策を講じています。

国内小売業の大手・イオングループ系列のイオンモール株式会社が、新卒3年以内（第二新卒）の内定辞退者を優遇する「絆採用」をスタートさせました。

絆採用とは、内定辞退者との〝つながりの強化〟を重視し、3年以内であれば最終面接のみで選考・採用を行うというものです。平たくいえば、内定辞退されてしまった人材が別の会社に入社して、早期に転職を検討した際にいちばん先に候補に挙げてもらおうという戦略です。

流通業界では独り勝ち感があるイオンでさえ、そのブランド力に頼ることなく人材獲得に向けた独自戦略などあらゆる施策を講じています。絆採用だけでなくイオンモールは、いったん退職した社員を再雇用する「アルムナイ・ネットワーク」も取り入れています。「アルムナイ」とは「卒業生、同窓生」を表す言葉で、企業は社内事情に精通し、仕事の進め方や知識を持つアルムナイを採用することで採用や教育などのコストを抑え、即戦力を獲得できる可能性があります。

私は高校卒業以来、リクルートで長年にわたり大手から中小まで、さまざまな企業の採用をお手伝いしてきました。現在はその経験を活かし中小企業の採用戦略の策定やブランディング支援も手掛けています。イオンモールのこのニュースを目にし、「大手企業の人手不足もここまできたか」と改めて人手不足に対する危機感を覚えました。

このような動きが顕在化してくれば中小企業の採用環境はますます過酷なものになります。中小企業の採用は、第一志望の大手企業に入れなかった人や、大手企業からの転職組などの獲得によって成り立っていた側面があるためです。

しかし、大手企業が内定辞退者や退職した社員の採用にまで力を入れれば、中小企業の採用に応募する人材の母数が減ります。なぜなら、「どうせ転職するなら、中小より大手のほうがいい」と考える人が多いからです。そのような状況になると、中小企業が人手不足で事業が立ち行かなくなるリスクはさらに大きくなります。長年、採用において絶対的な勝者だった大手企業ですら、プライドを捨てて、人材獲得戦略に舵《かじ》を切りました。こうして採用市場では、大手企業も中小企業も限られた人材を獲得するための「採用戦国時代」へと突入することとなりました。

中小企業の採用環境を厳しくする要因と、人手不足の影響

私が採用のお手伝いをしているのは主に中小企業です。中小企業は国内の全企業の99・7％を占め、地方だけで見ると99・9％を占めています。日本の経済を底支えしているのは中小企業といっても過言ではありません。

私がリクルートに在籍していた頃、大手企業の陰で採用に苦戦する中小企業経営者の姿をいやというほど目にしてきました。リクルートのような採用プラットフォームでは、知名度の高い大手企業が圧倒的に有利です。そのうえ採用費用も潤沢ですから、露出力が少なく、知名度もない中小企業が同じプラットフォームに並んでいても太刀打ちできません。私は費用を捻出し、必死で採用に力を入れても効果を得られず落胆するクライアントの手助けができないかと考えていました。この経験が、のちに「独立して中小企業をメインとした採用のお手伝い」をするという決意につながっています。

人手不足の深刻化は成長の鈍化にもつながります。短期的には、人が足りなくなることによって納期に遅れたり、丁寧な対応ができなくなったりする可能性が大きくなります。中長期的には、人手不足によって従業員の新陳代謝が行われなくなり、新しいアイデアを取り入れられなくなるなどの影響が出て、成長につながるイノベーションが起きにくくなります。

実際、帝国データバンクの「全国企業倒産集計（2023年報）」によると「人手

「人手不足倒産」件数推移

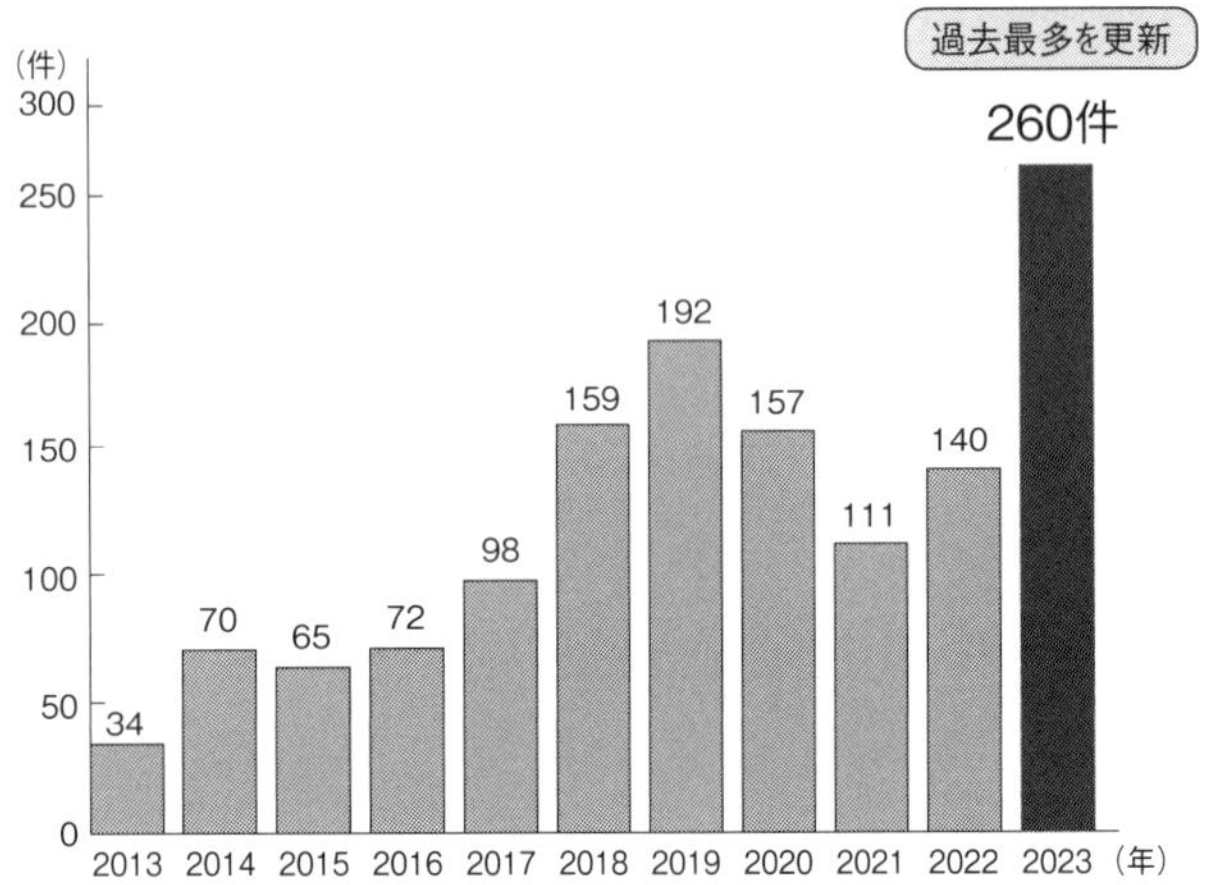

出典：帝国データバンク「全国企業倒産集計（2023年報）」

不足」による倒産が増加傾向にあり、２０２３年にはその件数が２６０件にのぼり、過去最多になりました。人手不足が原因で倒産した企業は、業種別では建設業が91件で最も多く、続いてサービス業（ＩＴ産業、人材派遣業など）、運輸・通信業となっています。人手不足は単なる労働力不足ではなく、企業の存続に関わる重要な経営課題です。

何十年も変わらない中小企業の採用戦略が、人手不足を悪化させる

私が求人広告の制作を担当していた当時は、採用方法は求人雑誌がメインでした。そのため雑誌に掲載する「営業担当者募集」「新規オープンのスタッフ急募」などのキャッチコピーを考えたり、掲載する写真を手配したり、デザインをつくったりしていました。現在は求人広告の制作ディレクターとして独立し、顧客企業の経営に近い視点で、採用戦略の立案やブランディング施策、採用した人材の育成プログラムの企画などにも関わっています。

当時から大手企業と中小企業の採用力には差がありました。例えば、東京や大阪に本社をおくような大企業とそのグループ会社は、1つの求人広告で100人規模の応募が集まります。しかし、ネームバリューが低い中小企業や、どのような仕事をしているか知られていないニッチな地方の企業などは、応募がほとんど集まらず、場合に

よっては0人で終わることが以前からあったのです。

当時と大きく異なるのは、ブランド力や採用リソースを武器として非常に有利な立場だった大手企業でさえ、人材獲得に本腰を入れるため、採用戦略の変更に取り組まなければならない時代になったことです。

一方、中小企業の採用戦略はあまり変わっていません。本来であれば、外部環境の変化に合わせて採用戦略もアップデートし、優秀な人材を獲得して厳しい時代を勝ち残る道を開拓していくべきです。しかし、中小企業の採用難は今に始まったことではなく、周囲の中小企業も同じように苦戦しているため、「採用はそういうもの」「自分たちだけが苦しいわけではない」と考えてしまいがちです。

また、人手不足に苦しんでいるとはいえ「まあ、今日明日で会社が傾くほど急な問題でもないし、そのうちに対策を考えればいいだろう」と楽観的に考えている企業も、残念ながら存在します。

中小企業が「採用戦国時代」を生き抜くには

過去、採用に関して余裕の構えを見せていた大手企業が人手不足に悩み、今まで以上に優秀な新卒の獲得に躍起になり、さらにこれまではターゲットにしていなかった内定辞退組や退職者の再雇用まで手を伸ばすなど、あの手この手で人材獲得を狙ってくる——これからの中小企業は、なりふり構っていられなくなった大手企業と熾烈《しれつ》な人材獲得合戦を繰り広げる「採用戦国時代」を生き抜かねばなりません。

しかし、中小企業は大手企業と競っても勝ち目はありません。人手不足が深刻化している今こそ、従来の考え方と、従来どおりの採用活動を根本的に変えなければならないタイミングです。

「しかし、何を、どう変え、どう対応すればよいのか分からない」という中小企業の悩みに対し、私は本書のテーマである「就職弱者」に目を向けることを提案したいと思います。就職弱者とは、高齢者、フリーター、フルタイムで働けない人、障がい者など、一般的に就職に不利と考えられている人たちです。大手企業は就職弱者をメインターゲットにはしません。

今後は、この層を対象にした採用活動を拡大し、その仕組みとノウハウを構築することが重要です。これにより、大手企業との不毛な競争を避けつつ、優秀な人材を確保する可能性を高めることができると考えています。採用戦国時代を生き抜くためには、中小企業こそ「就職弱者」を意識しなければなりません。

第2章

リクルートに入社して見えた
人手不足に陥る最大の原因

就職強者を狙うと
採用は失敗する

採用に失敗する中小企業の共通点

これまでさまざまな企業の採用をサポートするなかで、採用難に陥る中小企業に共通点があることに気づきました。それは、大手企業が狙う「就職強者」を、大手企業と同じアプローチで獲得しようとしていることです。「就職強者」とは、次のような特徴を備えた人材です。

- 新卒、第二新卒など30歳くらいまでの若い世代
- 有名大学卒などの高学歴
- コミュニケーション能力が高い
- 周囲の人を巻き込む力がある
- 打たれ強く、少々のことでは諦めない
- 指示待ちの姿勢ではなく、自ら動ける

要は、私が中小企業の採用でおすすめする「就職弱者」とは対極に位置する人材です。誰もが欲しがる就職強者の獲得を、大手企業と中小企業が争っても勝負は目に見えています。

中小企業が大手企業と戦ってはいけない理由

中小企業が大手企業と戦って採用に苦戦する理由は、大きく「知名度」「条件面」「採用リソース」の3つに分けることができます。

①知名度

大手企業に比べ、中小企業が圧倒的に不利な点は知名度の低さです。求人サイトや人材紹介会社には、多くの企業が求人を掲載しています。求職者からすると、テレビやインターネットなどのメディア広告、大規模な就職イベントなど、いろんな媒体に名前が出ている大手企業は、やはり認知度が非常に高いのです。

一方、中小企業はそういった媒体に広告を出す余裕がないケースがほとんどでしょう。

②条件面

・給与

厚生労働省「令和4年賃金構造基本統計調査」で、企業規模別の月収を比較すると、大手企業は約35万円、中小企業は28〜30万円となっています。大手企業と中小企業では1カ月で約5〜7万円、年収で約60〜84万円の差があることになります。賞与が加わると、この差はさらに広がります。これだけ差があれば、大手企業に目がいくのは当然といえます。

・福利厚生などの待遇

大手企業は年間休日数や家賃補助、社宅の完備、育児支援など手厚い待遇が用意されています。しかし中小企業はそういった制度を設ける余裕がないところもあります。

厚生労働省の「令和4年就労条件総合調査」によると、労働者1人あたりの平均年間休日数は、1000人規模の企業で119・1日、300〜999人規模の企業で116・8日、100〜299人規模の企業で113・0日、30〜99人規模の企業で110・0日となっています。1000人規模と100人未満の企業を比較すると、9日と大きな差があることが分かります。

・教育・研修

大手企業は教育に割くリソースがあり、入社後に手厚い研修が実施されるケースがほとんどです。しかし、人員にあまり余裕のない中小企業では体系的な研修が少なく、外部研修の受講か、先輩のやり方を見よう見まねで学ぶこともあります。

③採用リソース

大手企業と中小企業では、採用活動にかけられる予算や人的なリソースにも大きな差があります。採用にかかる費用としては、リクルートなど採用媒体の利用料、人件費などのコストも含まれます。中小企業では大手企業ほど採用に費用をかけることは難しく、専任の採用担当者がいないことも珍しくありません。

株式会社マイナビの調査（中途採用状況調査2024年版）によると、1年間でかかった採用予算の平均は1001人以上の企業では1638万円ですが、3～50人の企業では109万円と、約15倍の差があります。

これらの理由から、中小企業は大手企業と同じ就職強者を狙っても、失敗に終わることが多いのが分かります。

中小企業は「就職強者」を狙ってはいけない

採用市場では、多くの企業が就職強者をとり合っています。この戦いでは、給料や福利厚生などの待遇、企業の知名度やブランド力、経営の安定度、将来性などに優れた大手企業が有利です。一方、就職強者を惹きつける要素が少ない中小企業は、就職強者から就職先として魅力が低いと評価されます。厳しい現実ですが、優秀な人材を獲得するためには、中小企業はこの現実を直視する必要があります。

大手企業と中小企業に大きな差がある以上、中小企業が勝てるチャンスはなく、就職強者を狙い続ける限り採用難も続きます。そこに人手不足に陥る最大の要因が存在します。

この状況を変えるためには、採用活動を行う土俵選びから見直さなければなりません。中小企業は、給与や待遇などの条件で就職強者を惹きつけるのは至難の業です。そこで、中小企業におすすめしたいのが「就職弱者を採用すること」です。

大手企業と中小企業の差を見ると、「大手企業はネームバリューがある」「求職者にとって安心感がある」「給与や福利厚生などの条件が良い」という越えられない壁は確かにあるものの、それだけが理由なら、ほとんど全ての中小企業や地方企業が採用に失敗しているはずです。

しかし私がこれまでに採用のサポートをしてきた企業のなかには、採用に成功している中小企業や地方企業もたくさんあります。それらの企業は認知度が低く、給料などの待遇もそれほど高くはありません。それでも採用に成功している理由は、人手不足に悩む中小企業・地方企業のように、真っ向から大手企業に勝負を挑むのではなく、高齢者や女性、フリーター・ニートなどの就職弱者に目を向けているからなのです。

第3章

コストと時間を抑え他社と争わず良い人材を確保する

中小企業は「就職弱者」を採用しなさい

中小企業が狙うべき人材「就職弱者」とは

中小企業が大手企業と競って、若くて優秀な人材を獲得しようとすると、コストと時間がかさみ、会社にとって大きな負担になります。まず、優秀な人材を惹きつけるためには、求人広告を出す、採用のためのイベントを企画・実施する、あるいは採用エージェントに採用活動を外注するなど、さまざまな費用がかかります。

また、優秀な人材に自社を選んでもらうためには、大手企業と同等かそれ以上の給与や福利厚生を用意する必要があります。それにより、人件費が大幅に増加します。また、多くの応募が期待できそうな求人媒体の選定や、企業の魅力が伝わるような求人票の作成のために、多くの時間をかけなければなりません。

このように大手企業と同じ就職強者を狙うことは、それだけ多大なコストと時間がかかることになります。だからこそ、中小企業は「就職弱者」に目を向けるべきなのです。

就職弱者を一言で説明すると、大手をはじめ多くの企業が、採用のメインターゲットにはしない層のことです。しかし就職弱者こそ、中小企業の人手不足解消のカギとなり得ます。就職弱者は大きく7つのグループに分けることができます。

①【高齢者】望みどおりの仕事に就けていない

就職弱者のなかでも、とくに人数が多いのが高齢者です。就職弱者ではあるものの就労意欲があり、生活費のために働く人のほか、健康維持のため、社会とのつながりを得るために働きたいと考えている人も含め、高齢者層の求職者は増えています。また、体が動くうちは働きたいという意欲がある人も増えています。

近年は国が高齢者雇用を積極的に進めており、法律でも、従業員の就業機会を70歳まで確保する努力義務が設けられています（高年齢者雇用安定法）。時間的にも体力的にも働ける人が増え、その就労需要は今後も大きくなっていくでしょう。今後、少子高齢化がいっそう進むといわれることから、高齢者雇用に関する企業側の制度の整備などが求められるケースは増えていくと予測できます。

その一方で、企業の高齢者の採用はそれほど積極的とはいえません。ＬＩＦＵＬＬの「シニアの就業に関する意識調査」では、企業の8割以上が人手不足を実感しているものの、65歳以上の人の採用を積極的に行っている企業は約2割にとどまっています。

見方を変えれば、現状ではまだ注目度・関心度が低い高齢者層は、採用のブルーオーシャンであるといえます。

また、働き手である高齢者側は、「自分の経験やスキルを活かしたい」「若い人の教育や指導に関わりたい」と思っている人が多い一方で、高齢であることや、応募できる企業が少ないことが原因で、一定数の人が希望どおりの仕事に就けていない実態があります。

これはもったいないことです。高齢者層へのアプローチによってこのような人材を採用できれば、即戦力や従業員の育成担当として企業を成長させていくことができます。また、人手不足が加速することによって高齢者採用の競争も激しくなっていくとすれば、そのためのノウハウを早めに確立することは、採用において競合より優位に立つことにつながります。

就業中に下記のような経験はありますか

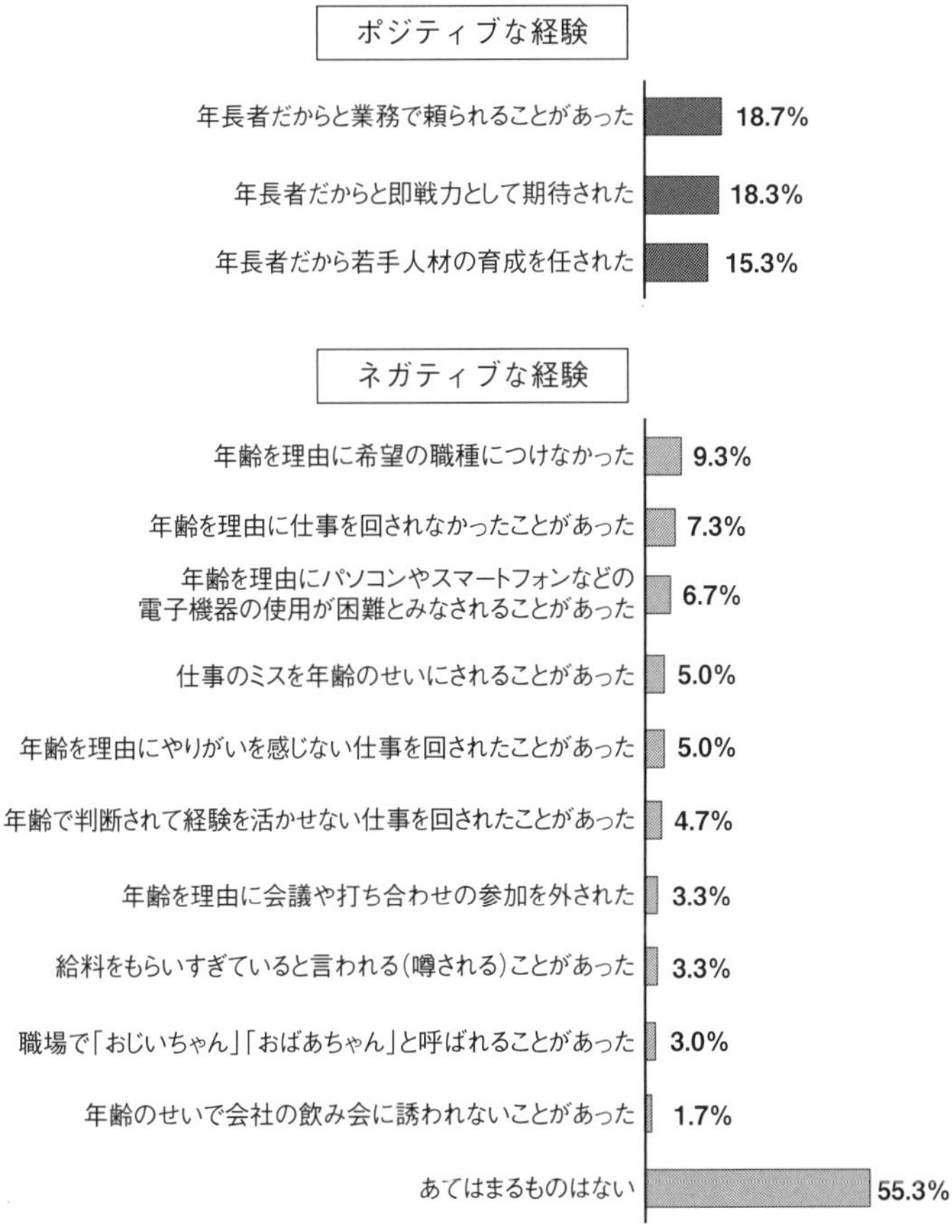

65歳以上の働く方300人　複数回答

出典：LIFULL「シニアの就業に関する意識調査」

②【女性】キャリアの中断と復職が課題

女性の求職者も、中小企業の人手不足改善につながる大きな存在です。すでに社会では女性の社会進出が当たり前になり、就業者全体の男女比も、2021年の調査では男性が3700万人に対して女性が3000万人で、以前ほど大きな差が見られなくなりました。

女性の採用も高齢者雇用と同じく、国が積極的に取り組んでいる施策の一つです。例えば、待機児童の解消、女性管理職の登用促進、出産や子育てからの復職支援と、それに対応する企業の職場環境や制度づくりによって男女の差に関係なく働き続けられる環境が整いつつあります。

また2022年からは、常時101人以上を雇用する事業主を対象として、自社の女性活躍に関する情報を公表することが義務付けられました。これは女性の活躍を推進する取り組みや実績を公表するもので、このような動向からも女性の社会進出と活躍の促進が大きなトレンドになっていることが分かります。ただし、出産によってキャリアが一時的に中断され、その後の復職に苦労している女性もいます。

さらに、法律では「男女同一賃金の原則」(労働基準法第4条)で、性別を理由に

女性の就業者数の推移

- 我が国の就業者数は、令和3(2021)年は、女性3002万人、男性3711万人。
- 女性の就業者数は、令和2(2020)年は新型コロナウイルス感染症の影響により、前年より減少したが、平成24(2012)年から令和3(2021)年までの9年間で約340万人増加。

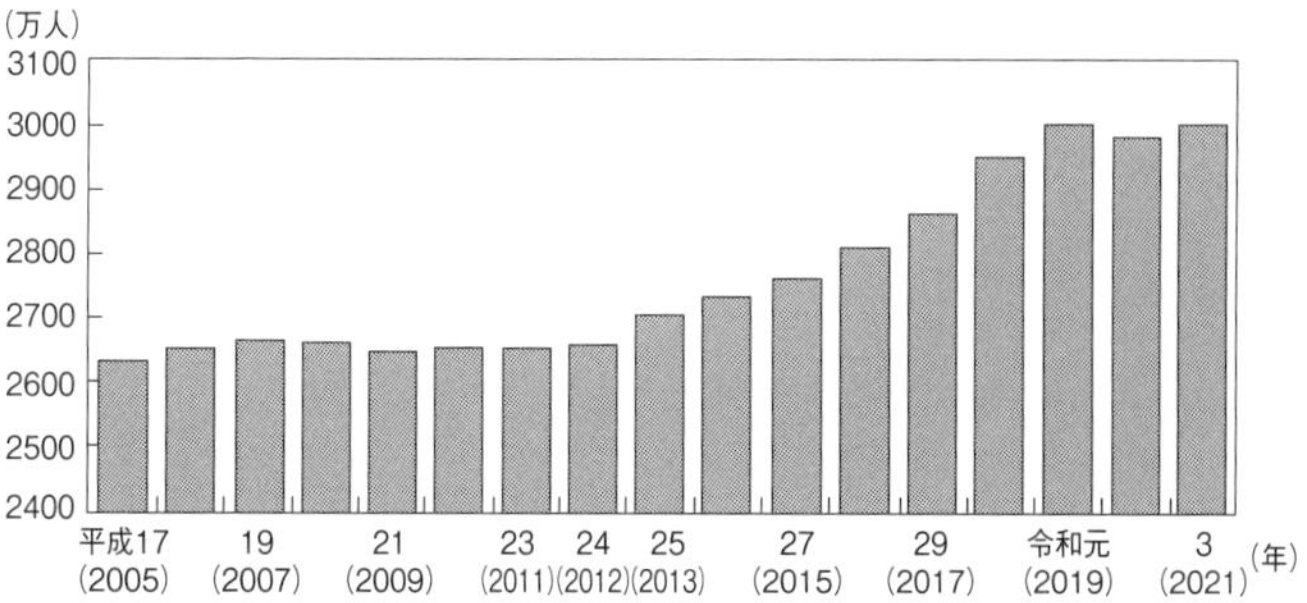

(備考) 1. 総務省「労働力調査(基本集計)」より作成。
2. 平成23(2011)年の就業者数は、総務省が補完的に推計した値。

出典：内閣府男女共同参画局「男女共同参画白書　令和4年版」

給料に差をつけてはならないと定められていますが、実態としてはまだ女性の給料のほうが安い傾向にあります。ある調査では、フルタイムで働く男性の給料の中央値を１００とすると、女性の給料は７７・５となっています。地方によっては、その差がより大きく、公正な待遇を求める女性が都市部へ働きに出たり、労働環境などに不満を持ちながら働いていたりするケースもあります。

　このような課題を抱えているという点では、女性もまだ就職弱者といえます。採用戦略では、彼女たちに注目することにより、単に労働力を確保するだけでなく、女性の意見を取り入れることによって商品やサービスの改善や開発に役立てていくことができます。また女性の社会進出がトレンドからスタンダードに変わっていく社会では、女性の積極的な採用が企業のノウハウになり、イメージ向上にもつながります。

③【育児・介護中】定時にこだわらない働き方を求めている

育児や介護などの事情によって、定時での勤務が難しい層も採用市場では敬遠されがちな就職弱者といえます。とくに介護に携わる人の数は、これから超高齢化が本格化するのに伴って、その数が増えていくと予測できます。

育児に関する外部環境を見ると、近年、年齢層別に見た女性労働力率のグラフにおいて、「M字カーブ」が解消されつつあります。

M字カーブとは、日本女性の生産年齢人口に対する労働力人口の割合を示す「労働力率」をグラフにしたとき、労働力率が結婚や出産にあたる年代において低下し、その後、再び上昇する現象のことです。女性が出産・育児で職場を離れ、育児が落ち着いた時期に再就職する人が多いと、労働力率グラフがM字のような形状を描くことか

「介護・看護」を理由とした離職者の割合

個人的理由で離職した人のうち「介護・看護」を理由とする人の割合（性別・年代別）

年代	男女計			男性			女性		
	個人的理由計（千人）	うち介護・看護		個人的理由計（千人）	うち介護・看護		個人的理由計（千人）	うち介護・看護	
		（千人）	（%）		（千人）	（%）		（千人）	（%）
全体	5,630.2	72.6	1.29	2,449.2	25.7	1.05	3,181.0	46.9	1.47
19歳以下	509.2	—	—	228.3	—	—	280.9	—	—
20～24歳	1,022.7	2.2	0.22	481.1	1.4	0.29	541.7	0.8	0.15
25～29歳	774.6	3.2	0.41	308.5	1.6	0.52	466.1	1.5	0.32
30～34歳	541.0	5.2	0.96	225.1	0.5	0.22	315.8	4.7	1.49
35～39歳	442.1	3.5	0.79	200.4	1.2	0.60	241.8	2.3	0.95
40～44歳	435.4	2.3	0.53	171.9	0.6	0.35	263.5	1.7	0.65
45～49歳	465.5	5.3	1.14	173.4	1.0	0.58	292.1	4.3	1.47
50～54歳	406.5	9.9	2.44	163.6	4.2	2.57	242.9	5.7	2.35
55～59歳	297.1	18.2	6.13	136.3	6.0	4.40	160.8	12.1	7.52
60～64歳	302.9	13.5	4.46	133.5	3.0	2.25	169.4	10.5	6.20
65歳以上	433.1	9.5	2.19	227.1	6.3	2.77	206.0	3.2	1.55

注：■は最も占率の高い年代区分。

出典：厚生労働省「雇用動向調査」2022年

らつけられた名称です。近年、M字カーブが解消されてきた要因として、日本経済研究センターは、育児をしながら働く女性が増加したこと、未婚の女性が増加したことを挙げています。実際、データを見ると、第1子出産後も仕事を続けた人は77・4%で、その割合は増加傾向にあります。

ただ、見方を変えると2割以上の人が退職しているということです。また、彼女たちの復職や再就職は簡単ではなく、M字カーブでは年齢が上がるとともに就業率は回復しますが、パートやアルバイトなど非正規雇用で働く人の割合も増えています。この層の女性には正社員として復職したい人もいるはずです。その需要にアプローチすることで採用できる人の母数を増やすことができます。

一方、厚生労働省が2022年に行った調査によると1年間で約7・3万人が介護を理由に離職しています。働きながら家族を介護する人はビジネスケアラーと呼ばれ、男性が約2・6万人、女性は約4・7万人で女性のほうが多い特徴があります。このうち55歳から59歳の人の離職が最も多く、その理由としては介護・看護と仕事の両立が難しくなったことが挙げられます。

このような層の労働機会を維持していくために、現在は育児や介護のための休暇を時間単位で取得できるようになりました（育児・介護休業法）。また、企業でも時短勤務の導入が増えています。

この流れが進んでいくことで、今後は正社員で採用した人が育児や介護で離職するケースが減っていくと予測できます。つまり離職して元の会社に復職する人の数が増え、採用弱者の企業にとってはブルーオーシャンがレッドオーシャンに変わります。採用戦略では、その時代が来る前に、再就職を希望する人を獲得するノウハウを構築し、実績をつくることが重要です。

④【U・I・Jターン層】地方企業の新たな生命線

地方企業は地域内の人口が少なく、必要な人材が採用できない可能性があります。そこで目を向けたいのが「Uターン」人材です。

国内の人口は地方から都市部に移動し、若い層も求人が多く平均給与が高い都市部へ向かう傾向があります。しかし、生まれ故郷で仕事をしたい、実家の近くで暮らしたいと考える人は一定数います。このUターン層は地方企業にとって貴重な人材です。とくに地元での採用が見込めない地方企業にとっては、企業の存続を左右する生命線

地元（Uターン含む）就職希望者

「希望する（していた）」＋「どちらかというと希望する（していた）」の割合

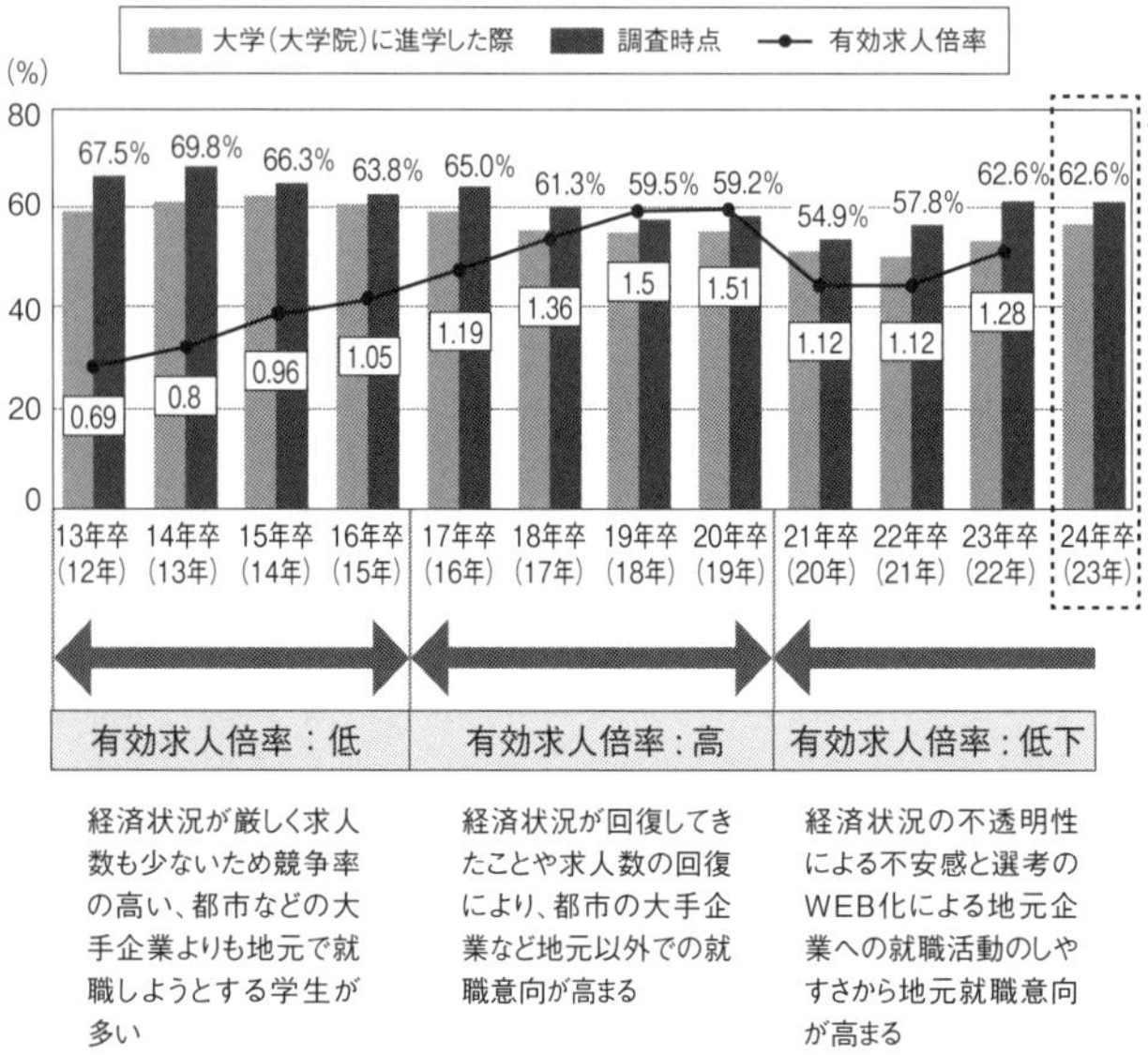

※有効求人倍率は厚生労働省「一般職業紹介状況（令和5年2月分）」の有効求人倍率（パート除く）の年平均を参照（新卒に限定しない倍率）

出典：マイナビ「2024年卒大学生Uターン・地元就職に関する調査」

ともいえます。

また、都市部で生まれ育ったものの、地方の企業に就職する「Ｉターン」人材や、出身地の近くの都市圏にある企業に就職する「Ｊターン」人材の需要も高まっていきます。

東京で働く人を対象とした調査（リクルート「地方移住および多拠点居住の考え方についてのアンケート調査」）によると、全体の46・６％が「地方や郊外への移住に興味がある」と回答しています。また、出身地での就職を希望する人が62・６％に及ぶというデータもあります（マイナビ「２０２４年卒大学生Ｕターン・地元就職に関する調査」）。

⑤【就職氷河期世代】職歴が足かせになっている

40代や50代も年代的には就職弱者といえます。この年代は就職氷河期世代やロスト・ジェネレーションと呼ばれ、バブル崩壊直後の１９９０～２０００年代に新卒での就職活動をしてきた世代です。この時期は求人が非常に少なかったため、何十社受けても内定を得られず、希望する仕事に就けなかったり、高学歴であっても非正規雇用として働いてきたりした人が多いのが特徴です。現在も仕事の内容や雇用形態に不満を感じながら働いている人も多く、業務内容や働き方によっては、採用弱者である中小企業や地方企業に興味を持つ可能性も十分にあります。

就職氷河期世代は、上の世代と比べて転職回数が多いことも特徴です。就職先の選択肢が少なく、納得して働ける仕事に就く機会に恵まれにくかったことから、少しでも良い条件で働ける企業を探して転職を重ねている人が多いのです。望まない転職を繰り返した結果、企業に「採用しても、すぐに辞めてしまうのではないか」と疑われてしまい、採用される確率が下がるという悪循環に陥りがちです。

⑥【フリーター・ニート】正規雇用へのきっかけがつかめない

フリーターやニートも就職弱者です。多くの企業は、若い人であれば新卒や、社会人経験がおおよそ3年未満の第二新卒の採用を重視し、それ以上の年代では他社での経験を重視して採用活動を行うため、フリーターやニートはそれら企業の採用対象からは外れやすく、注目度が低くなるのです。

全体像を見てみると、２０２１年の若年層（15～34歳）のフリーターは１３７万人でした（総務省統計局「労働力調査」）。就業者のなかの割合は、24歳以下の若年者では8・2％、25〜34歳は5・7％で、学生でも、内定が得られず就職が決まらないまま卒業する人が約7・5万人います。また、ニートの数は2000年代から70万人台で推移し続けています（総務省統計局「労働力調査（基本集計）」）。

フリーターは、かつて自由な働き方、今時の生き方としてもてはやされた時期がありました。その後、フリーターの数は減りましたが、最近は下げ止まっています。

就職弱者に注目し、深夜のコンビニでアポなし取材

フリーター・ニートについては、特別な思いがあります。そもそも私が就職弱者に関心を持ったきっかけの一つは、リクルートに在籍していたときに手掛けた、フリーターやニートを対象にした新規事業の企画でした。当時も今もリクルートは就職強者を獲得するためのメディアが中心で、求職者層ではフリーター・ニートなど本書でいうところの就職弱者を対象とするメディアがありませんでした。そこで新規事業プロジェクトとして就職弱者を対象とするメディアの立ち上げを会社の上層部へ提案する

フリーターの数の推移

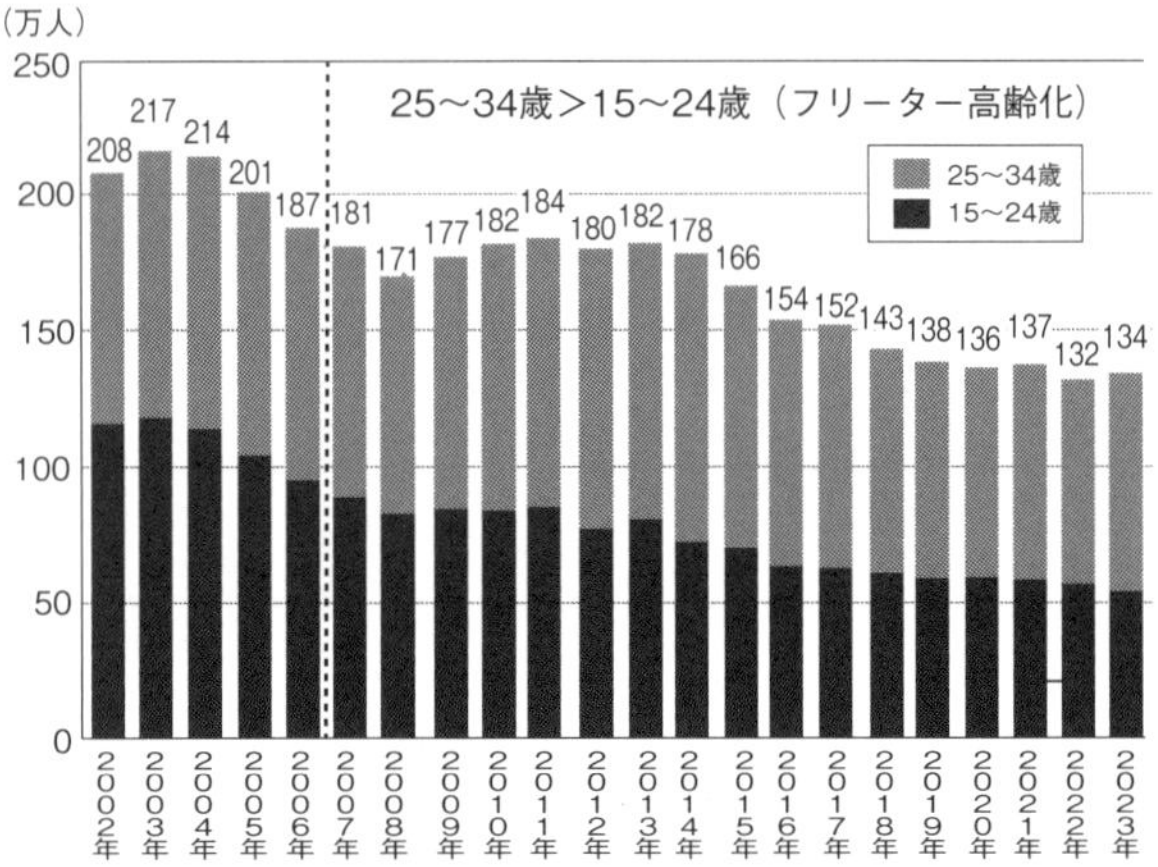

出典：総務省統計局「労働力調査（詳細集計）」

ニートの数の推移

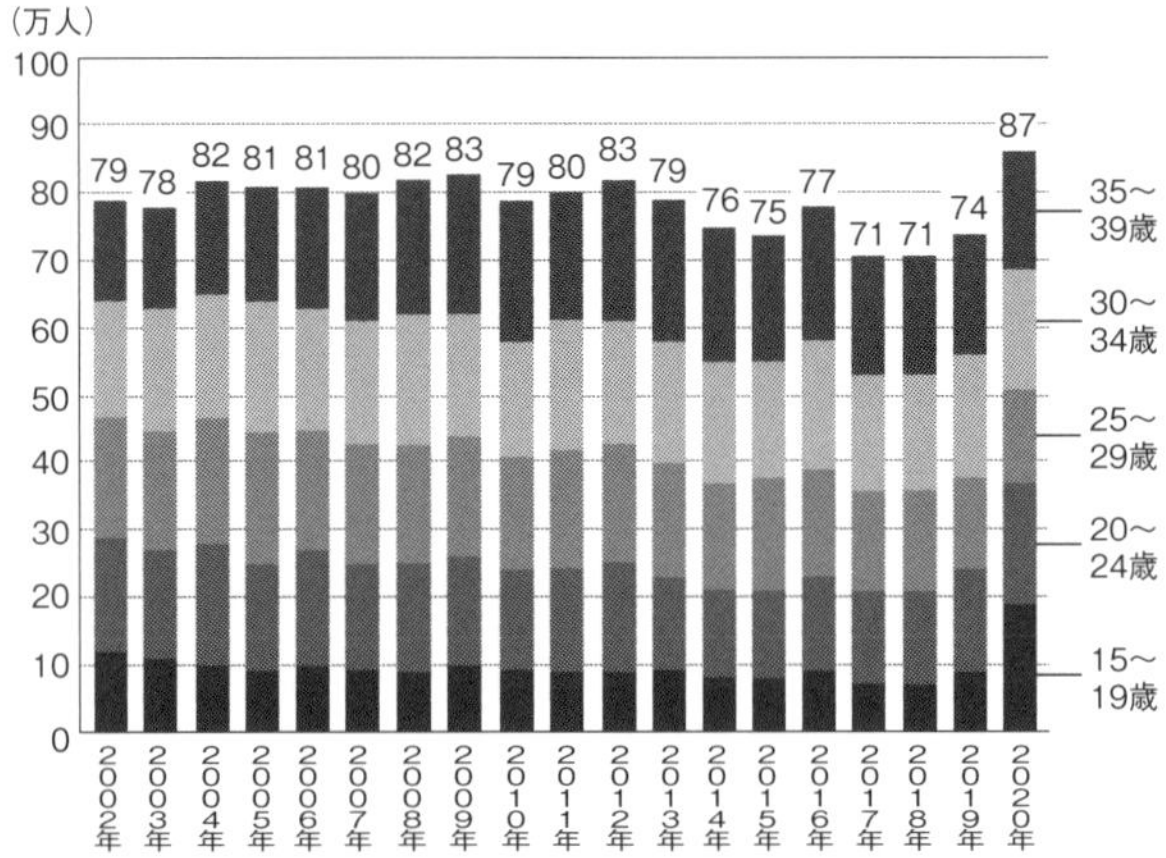

出典：総務省統計局「労働力調査（基本集計）」

ことになり、私はそのプロジェクトチームのメンバーとして就職弱者の調査をすることになったのです。

私の調査方法は、深夜のコンビニでたむろしている若い人たちに直接話を聞いて、彼らの仕事観やキャリア観を知るというものでした。データや資料では見えてこない部分、つまり彼ら、彼女らの生の声を知りたいと考えたのです。今はすっかり減りましたが、当時は10代後半〜20代前半の若い男女がコンビニ前に集まり、深夜まで座り込んで話している姿が多く見られました。そこで私は深夜3時くらいに都内のコンビニを回りながら、アポなしで声をかけて話を聞いてみました。

そこで分かったのは、若い人たちが将来について意外と明るいイメージを持っていることです。20代で結婚して家庭を持ちたいという願望がある人も多く、そのため働かなければならないと考えていました。ただ、当時はまだインターネットが一般的ではなくスマホもなかった時代で、どうやってキャリア形成していけばよいのかといった情報が得られていなかったのです。

彼らは地元の同級生、先輩、後輩が中心の、非常に狭いコミュニティの中で生きており、情報もそのコミュニティ内に関するものしか入ってこないのです。そのため、自分がイメージする人生に向かうための入り口がどこにあるか分からず、狭い知り合いの紹介でアルバイトをして過ごしている人が多かったのです。

そういう実態が見えてきて、私はもったいないと感じました。彼らの多くは、働く意欲も、そのために学ぶ意欲もあります。体力もやる気もある若い人たちなのにわずかな情報源をもとに将来を考えなければならないことが社会にとって大きな損失だと思ったのです。

この調査では約200人の若者に話を聞き、私のほうからは、同年代で正社員として働いている人の話や、資格取得などのために勉強している人の話などを伝えました。すると、ほとんどの人が「へえー」と少なからず興味を持ってくれました。そういう道があるなら自分も挑戦したい、学び直したいと希望する人も多く、だからこそ余計に彼らが社会に置き去りにされていることがもったいないと思ったのです。

中小企業と就職弱者をマッチングする

結局、就職弱者向けのプロジェクトは形にはなりませんでした。しかし、私の中では課題が残りました。情報が少なく、働いたり学んだりするためのきっかけが少ない現状が変われば、彼らは自分たちがイメージする人生に自力で近づくことができ、彼らを採用する企業も彼らの若さややる気を活かすことで会社を成長させていくことができます。そう考えたことが、今の私の事業につながっています。

大手企業向けの求人広告を手掛けつつ、一方では、中小企業と就職弱者のマッチングに力を入れるようになった背景には、コンビニでの調査を行った実感として、情報と機会の提供によって双方がＷｉｎ－Ｗｉｎの関係になれるという確信があるからなのです。

今は時代が変わり、スマートフォン一つであらゆる情報が入手できるようになりました。仕事の見つけ方や勉強の仕方も分かりますし、人脈のネットワークも広がったため、深夜のコンビニだけだった活動領域が桁違いに広がっています。

その点で、情報不足については解決したといえます。残っている課題は、働く機会です。働く機会は企業が就職弱者に目を向け、生み出さなければ増えません。人手不足が深刻化する社会では、その機会を提供することが中小企業にとっても新たな成長に結びつくはずです。

その際に重要なのは、どの層に、どのような能力を求めるかを明確にすることです。例えば、フリーターをしている若者には若さという武器があります。これは具体的なスキルではありませんが、私たちの会社でこう活かしてほしい、若さをこの分野で発揮してほしいという戦略があれば、彼らは十分な戦力となります。その方針が決まれば、求人広告においても、こういう仕事を担ってほしい、未経験でもやる気一つで活躍できる、といったメッセージを打ち出せるようになります。

⑦【障がい者】さらに進む障がい者雇用

多様性の観点から障がい者雇用も進んでいます。法的にも、従業員40人以上の企業は障がい者を1人以上雇用すると定められており（障害者雇用促進法第43条第1項）、雇用割合は段階的に引き上げられていきます。また、そのための支援として、障がい者を雇用するための設備導入や職業訓練などにかかる費用の助成制度もあります。

内閣府「令和4年版 障害者白書」によると国内の障がい者の数は、身体障がい者（障がい児を含む）が436万人、知的障がい者（障がい児を含む）が109万4000人、精神障がい者が614万8000人です。複数の障がいを持つ人もいるため、その総数はこれら数値の単純な合計にはなりませんが、国民のおよそ9・2%に相当する大きな層です。

また、これは障害者手帳を持つ人の数で、障がいがありながら手帳を持っていない人は含んでいません。とくに最近はストレス社会ですので、そのせいで精神的な疾患を抱えている人や、疾患の手前の状態の人も多くいます。

採用では、手帳を持つ人は障がい者雇用となりますが、持っていない場合は一般雇用で採用されます。そう考えると、障がいは実は身近で、人手不足を解消しながら企業を成長させていくために、どのように共存し、どんな業務で活躍してもらうかを考えることが重要です。

就職弱者の採用を、会社の成長につなげる

就職弱者の採用では、それぞれの層にどのような能力があり、採用することによって企業にどのようなメリットがあるかを把握することが大事です。この点も、就職弱者を7つの層に分けて整理することができます。

重要なのは視点を変えることです。採用すれば会社の成長につながる人の層が実は幅広いと気づくことが、企業にとっては人手不足の解消と成長を実現する採用戦略につながり、働き手にとっては活躍の機会を広げる契機になります。

では、就職弱者を採用するメリットについて、パターンごとに説明していきます。

①【高齢者】これまでの経験や技術を、自社で活かしてもらう

高齢者の労働力は、本人がどのような働き方を希望しているかにもよりますが、企業にとってはさまざまな活かし方ができます。

高齢者に特徴的なのは、「スキルや経験を活かしたい」と思っている人が多い反面、実態としては軽作業や単純作業に就いているケースが多いことです。単純な労働力として高齢者を採用することも一つの方法ではありますが、採用によって企業の生産性を高めていくのであれば、彼らが持つ経験や技術を即戦力として活かす方法を考える必要があります。

経験は、例えば、前職でのマネジメントスキルを活かすことができます。企業を成長させていくためにはチームや部署などを束ねる人が不可欠で、このスキルは経験が

浅い若い人にはないものの一つです。採用戦略としては、マネジメントのポストを用意し、新たなキャリア形成の機会を提供することで、活躍できる場をつくりだすことができます。

技術の面では、高齢者が前職で身につけたノウハウなどを自社に取り入れることができます。また、高齢者も自分が持つ技術を次の世代に継承したいと思っているケースが多いといえます。

技術職は、自分が持つ技術が自分自身の価値です。しかし、勤め先の企業の都合などにより技術を活かせる事業がなくなったり縮小したりすることもあり、居場所を失うことがあります。

その場合、新たな技術を一から学び直さなければならず、その壁にぶつかって退職したり、転職したりするケースもあります。近年は、DX（デジタルトランスフォーメーション）やAI活用が当たり前に変化していく未来社会に対応するために、中年以上の従業員を対象とするリスキリングに取り組む企業が増えています。リスキリングは、知識や技術の学び直しのことで、これは既存の従業員の価値を高めていくために効果的な取り組みといえます。

ただ、高齢になるほど新しいことを学ぶ意欲が低下します。学び直しを始めてもすぐに定年となるため、定年近くになってそのような転機が訪れると、それよりも自分がすでに持っている技術などを活かせる機会がないだろうかと考える人の割合が増えます。前職では不要になった技術が、実は自社には必要な技術かもしれません。その可能性を探っていくと、高齢者が持つ技術が企業の成長を加速させる要因になることもあるでしょう。

また、マネジメントも技術も習得するためには時間がかかりますが、それらを持つ高齢者は即戦力となるため育成のための時間とコストを大幅に軽減できます。企業の成長の即効性という点では、若い人を採用するよりもベテランの高齢者を採用するほうが効率的であることも多いのです。

自社に新しい考え方を取り込める

高齢者採用のリスクは、若い人と比べて病気やケガをする可能性が高く、そのせいで辞めてしまうかもしれないことです。企業への調査でも、65歳以上の人材を採用しない、またはできない理由として、体力や健康面の不安を挙げる企業が多いのです。若い人と比べて働ける期間も短くなります。最近の高齢者は体力的にも意欲的にも元気ですが、そうはいっても10年やそれ以上にわたって働くことは難しいでしょう。

ただ、ここは考えようです。若い人のほうが長期雇用できるのは事実ですが、近年は転職が珍しくなくなっているため、短期で辞めてしまうリスクは若者にもあります。むしろ高齢者のほうが就職先の選択肢が限られるため、業務内容や社風さえマッチングできれば、数年にわたって確実に働いてくれる安心感があるともいえます。

高齢者の採用では、ベテラン特有の頑固さがあったり、柔軟性に欠ける人が多かったりすることも懸念点です。これも考え方次第で解決できます。

企業は採用した人に自社の価値観などを理解してもらい、社風や業務プロセスになじんでもらおうと考えます。分かりやすくいえば、自社の色に染めようと考えるのです。企業としては当然かもしれませんが、高齢者のように前職での経験が長い人は新しい価値観などを受け入れるのに時間がかかります。そこで、染めるのではなく活かすことを重視する考え方に切り替えます。その人の考え方などを否定したり、変えようとしたりするのではなく、それもその人の経験の一部と位置付けて、良いところを抜き出し、自社に取り入れるということです。

採用全般にいえることですが、新しい人が入るということは、新しい考え方を取り入れるということでもあります。マネジメントを例にとると、自社では褒めて育てる方針を持っていたとしても、たまには厳しく指導することが必要かもしれません。業務プロセスも、他社のやり方を知る人が入ってくることが改善の機会になります。

そう考えると、自己流を持つ高齢者は否定的に見れば頑固ですが、肯定的に見れば自分たちを変える機会といえます。そのような新しい考え方を取り入れることを前提とすれば、相手の考え方ややり方を尊重しながら、共存、協業していくことができるようになります。

採用する際の注意点：働きがいをアピールする

高齢者へのアピール方法は、セカンドキャリアで自分の経験を活かしたいと思っている人を想定して、どのように活躍でき、どのようなやりがいを得られるかを明確にします。やりがいを実感しにくい単純労働ではなく、責任ある仕事であることや、活躍を期待していることをアピールすることが重要です。また、そのための受け入れ準備として、スキルや技術を発揮できるポストも用意しておく必要があります。

待遇面では、高齢者は年功型で高い給料が必要と考えている人もいますが、40代・50代と比べると、高齢者は子どもがいても独立していることが多く、子育て資金がかかりません。年金で足りない生活費を補えればよいと考えている人も多く、その点でも、高齢者へのアピールでは給料よりも働きがいなどに重点をおくのがよいといえます。

②【女性】商品やサービスに、女性ならではの発想を活かせる

女性の採用が企業にもたらすメリットとして、まず挙げられるのが、自社のビジネスに女性の視点を活かすことができる点です。例えば、商品開発ではマーケティングに女性の視点が入ることによって10代の女性や主婦層などをターゲットとした製品の開発に活かすことができます。また私の家もそうですが、家庭用品などに関しては女性が家庭内で購買の決定権を持つことも多く、BtoCビジネスの企業ではより大きな影響を生み出します。

文部科学省「学校基本統計」によると学力の面では、男性の大学への進学率が56・6%、

女性（短期大学を含む）が58・6％で、教養の面ではほとんど差がありません。

一方で、大卒者の就職率には男女差がいまだにあります。大卒以上の学歴を持つ男性の就職率は92％ですが、女性は69％しか仕事に就いていません。つまり男性比で2割以上の人が学歴を活かせていないということです。この層にアプローチできれば、就職強者である若くて学歴がある人の採用も十分に見込めます。

企業のイメージアップにもなる

女性の採用に力を入れることは、企業イメージの向上にもつながります。例えば、女性の求職者が勤め先を探す際には、女性にとって働きやすい職場かどうかを調べます。女性の従業員が多ければ女性が働きやすい職場であることの証左となるため、応募が増えやすくなります。つまり女性が所属していることが次の女性の採用につながるのです。

また、女性が活躍できる環境をつくっていくために、採用をはじめとして、継続就業、労働時間などの働き方の工夫、管理職への登用、多様なキャリアパスの実現などに取り組むと、女性活躍推進法に基づく「えるぼし認定」が受けられます。これは女性の社会進出に貢献している優良企業であることを認定するもので、このような評価も企業イメージの向上につながります。

さらに大きな視点で見ると、ジェンダー平等はSDGsの17の目標の一つであり、その実現に貢献する女性の採用は社会問題の解決に貢献します。このような企業イメージも応募を増やすための重要なポイントです。

採用する際の注意点：長期のキャリア形成も想定

女性の求職者へのアプローチは、パート・アルバイトで採用したいケースと正社員として採用したいケースで分けて考えるとよいでしょう。女性全体で見ると、求職者の70・3％は非正規雇用で働くことを希望し、正社員を希望する人は16・4％です（内閣府男女共同参画局「男女共同参画白書　令和4年版」）。このことから、採用しやすいのはパートなどとして働く人といえます。

ただし、これから人手不足が深刻化していくなかでは、多くの企業が正社員希望の女性を狙って採用活動を強化すると予測できます。同じ調査では、求職していない人の34・5%が「適当な仕事がありそうにない」と諦めているデータもあり、彼女たちが理想とする業務や働き方を働き手の視点で考えることによって、この層にアプローチし、採用できる可能性が高まります。

パートの場合は、隙間時間を活用するなどして時間の融通を利かせて働きたい人を想定して、彼女たちに任せたい仕事や、そのために必要なスキルなどを特定していきます。正社員は、基本的には長期で勤めたい人を想定して、入社後にどのように成長してほしいか、どのような活躍を期待するかを考えていきます。

かつては事務職などの一般職を希望する女性が多かったのですが、最近は総合職としてキャリア形成し、管理職やマネジメント職を目指す人が増えています。また、これも国の方針の一つですが、2020年代で女性の管理職の割合を30%程度まで引き上げるという目標が掲げられています。女性の積極的な活躍を期待する場合は、そのようなキャリアを前提としてターゲット設定するのもよいでしょう。

アピール方法は、女性が企業に求める条件を把握しておくことが重要です。調査によると、女性が仕事選びで重視する点は「安心して働けそうであること」が最も多く、

女性の就職希望者の内訳

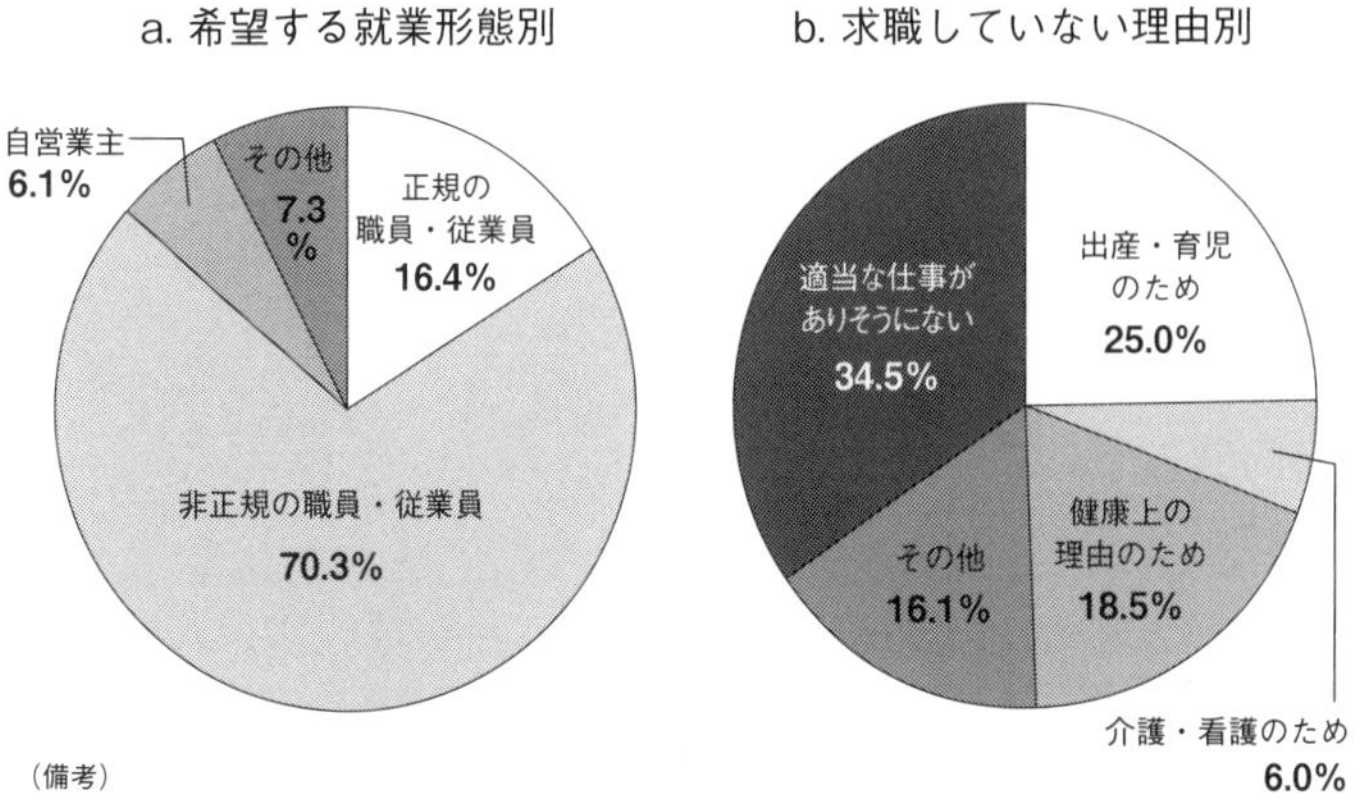

（備考）
1. 総務省「労働力調査（詳細集計）」令和3(2021)年より作成。
2. 労働力率＋就業希望者の対人口割合は、(「労働力人口」＋「就業希望者」)／「15歳以上人口」×100。
3. 「自営業主」には、「内職者」を含む。
4. 割合は、希望する就業形態別内訳及び求職していない理由別内訳の合計に占める割合を示す。

出典：内閣府男女共同参画局「男女共同参画白書　令和４年版」

以下「休暇をとりやすいこと」「長く働けそうであること」「給与（時給、日給、賞与、年収等）が高いこと」「通勤の便が良いこと」と続きます（ジョブズリサーチセンター「女性の就業に関する1万人調査2023　基本報告書」）。

雇用形態では、パートの場合は、時給も大事ですが、通いやすさや勤めやすさを打ち出すことが重要です。正社員の場合は、例えば女性の管理職登用に積極的であること、育児休暇や子育て支援などの制度が充実していること、休業後に復帰しやすいこと、フレックス制の導入などがアピールポイントになります。子育て中の女性を正社員として採用する場合は、時短勤務制度や実際に時短勤務で働いている女性従業員の声を伝えることも良いアピールになるはずです。

③【育児・介護中】業務の効率化で生産性アップ

この層は育児・介護と家事を両立し、さまざまな作業を日々、効率的にこなしている人が少なくありません。複数の作業を同時並行、あるいは短時間で切り替えながら同時進行するマルチタスクにたけているため、仕事でも効率的に作業を行うことができます。限られた時間で優れたコストパフォーマンスを発揮してくれる点は、育児・介護層を採用するメリットといえます。

採用する際の注意点①：多様な働き方を取り入れる

育児や介護をしながら働く層を採用するためのポイントは、働き方のバリエーションを増やすことです。前提として、育児や介護をしている人は毎日が多忙です。そのため、「1日3時間しか働けない」「土日のどちらかしか働けない」という人もいます。また、仕事のために使える時間が不規則で、急に休まなければならなくなることもあります。

このような事情があるため、当人は就職が難しいと考えます。また、企業側も安定して働ける人を優先して採用しようと考えます。

言い換えると、この課題を解決できればこの層も採用のアプローチ対象になります。また、この層の採用を考えることがきっかけになり、従来の働き方を見直し、多様な人が働きやすい企業に変わっていくことにもつながります。

そのための方法は3つあります。1つ目は、パートとして採用する方法です。採用戦略として、比較的簡単な仕事を任せたい場合は、パートでの採用によって業務を穴埋めしたり従業員を補佐したりすることができます。

パート採用では、同一労働同一賃金の導入が重要です。これは、企業内で働く正規雇用の従業員と非正規雇用の従業員が同じ仕事をした場合に、その対価として支払う給料などに差が生まれないようにすることを目的とする取り組みです。雇用形態による不平等が解消されれば、パートで働く人の納得度が高まり、応募者も増えやすくなります。

２つ目は、フレックスタイム制度や時短勤務制度などの導入です。これらの制度を活用することで、時間調整が難しい人でも正社員で働けるようになります。この層の人たちは、パートでしか採用されないと思っている人が多いため、正社員採用は大きなアピールポイントになります。

このような働き方の仕組みを積極的に取り入れることで、新たな応募者も獲得しやすくなり、既存の従業員が出産、育児、介護をするときの離職も抑えることができます。また、正社員採用はマネジメント層などへの昇進も見込めるため、育児や介護を終えたあとにキャリア形成することもできます。

３つ目は、リモートワークです。育児や介護は、家から離れられないことが最大のネックです。そのため、現場がある仕事や対面での接客などが前提の業種では難しいのですが、それ以外の仕事であれば、自宅で仕事ができるようにすることでこの層を採用できるようになります。

採用する際の注意点②：制度の整備が不可欠

育児や介護で忙しい人たちへのアプローチは、入社後に任せたい業務とそのために必要なスキル、育児や介護が終わったあとのキャリア形成などを考えます。

正社員として採用する場合は、ほかの従業員よりも担当できる業務の量が少なくなることを前提として、時短勤務制度やリモート勤務に関するルールなどを準備する必要があります。また、一部の従業員だけが時短勤務やリモート勤務を活用すると、ほかの従業員の間で不満が生まれる可能性があります。例えば、時短勤務する従業員が担当する仕事を別の人が担当するなどして、一部の人に負担が偏ることがあります。そのせいで不平等感が生まれると、既存の従業員の離職につながる可能性もあります。

それを防ぐためには、制度の利用に関するルールや、制度を利用する人の就労時間、業務範囲、賃金設定、評価基準などを社内で共有し、理解を深める必要があります。制度を全て経営層や人事の担当者でつくるのではなく、負担が増える従業員の声も聞きながら、納得度が高い運用方法と評価制度をつくっていくことが求められます。

パートの場合は、超短時間の勤務でもよく、勤務日や時間が不定期でも大丈夫であることを伝えるとターゲット層に刺さりやすくなるでしょう。

正社員の場合は、育児や介護で忙しくても正社員になることができ、キャリア形成できることが大きなアピールポイントになります。また、時短勤務制度などの支援についてアピールすることも重要です。

④【U・I・Jターン層】地域に定着する人材の獲得につながる

U・I・Jターン採用のメリットの一つは、地元への定着を視野に入れた人材を獲得できることです。U・I・Jターン層は、一度は都市部で暮らしながらも、地方への就職・転職を希望しているという特徴があります。とくにUターン人材は、生まれ育った地域で家族や友人たちに囲まれ、安心して働ける環境が手に入るため、長期的な定着が見込めることが、企業側のメリットになり得ます。

また、東京などの都市部で働いていた経験を持つ人を採用することで、都市部の働き方や業務プロセスなどを取り入れるきっかけになり、地方企業の経営を高度化させることにつながります。

人の流入がない状態が長く続くと、企業は業務内容や価値観が固定化し、成長しなくなります。変化や成長のない状態を打破するためにも、新たな人が入ることは重要であり、そのなかでもU・I・Jターンのような地域外の採用は良い刺激になります。

この層の採用は、求職者に生き生きと働いてもらうためのきっかけにもなります。都市部から地方に移住して働くことを選択する人のなかには、都市部で働くことに疲れた人も多く、環境を変えることで仕事と向き合う意識も変わります。私が広告制作に携わってきた企業でも、都市部で働くことに疲れたり飽きたりした人が、地方の企業に入社することで生まれ変わり、水を得た魚のように仕事に励むケースをよく見聞きします。

地方企業でモチベーションが高まる理由の一つは、企業からの期待です。地方企業は基本的には変化に飢えていますので、新たに入って来る人を歓迎します。都市部でどのような仕事をしているかにも関心が高く、いろいろと教わろうとします。そのような期待に応えたり、一つひとつのことを新鮮にとらえ、喜んでくれたりすることがモチベーションを高めるのです。

採用する際の注意点：地域で働く魅力をアピール

Ｕ・Ｉ・Ｊターン層は地域の求職者ではなく、地方企業の存在を認識していないことがほとんどであるため、アプローチ方法としては、この層を対象とした転職イベントに参加したり、ヘッドハンティングサービスを利用したりするのがよいでしょう。また、Ｕ・Ｉ・Ｊターンを希望する求職者をターゲットとする求人サイトや、一般的な求人サイトで行っているＵ・Ｉ・Ｊターン特集などに求人広告を出すこともできます。

アピール方法は、業務内容や待遇も重要ですが、その土地で働く魅力を打ち出すことが重要です。とくにＩターンとＪターンは、古くからの縁がない地域に移住するため、その地域について知らない人がほとんどです。見知らぬ土地で働くことには不安があるため、地域での働き方のみならず、生活や楽しみに関する情報も細かく伝えるとよいでしょう。働き方に関しては、例えば、都市部の企業と比べてどのような違いがあるかを伝えることができます。暮らしぶりについては、既存の従業員の日常を紹介するなどして伝えるのも良い方法です。

Ｕ・Ｉ・Ｊターン層の採用では、都市部の企業が地方拠点で人を採用するためにこの層を狙うこともあります。ただ、私が見る限りでは苦戦しています。

その原因は、都市部型の採用活動をそのまま地方に持ち込もうとするからです。

これらの企業は採用強者ですので、企業の知名度や給料などの条件の良さを武器にします。しかし、それが刺さるのは都市部で働きたいと思っている人であり、地方で働きたい人たちは別の動機を持っています。例えば、自分に合った生活スタイルを実現したい、趣味を活かした生活がしたい、自然豊かな場所で働きたい、といった理由を挙げる人が多く、そのような人には企業ブランドや給料の高さは刺さりません。つまり都市型の採用活動よりもペルソナからスタートする採用活動のほうが彼らにアプローチできる可能性が高いのです。

もう一歩踏み込むと、大企業の採用活動は、その戦略や計画を考える採用担当者自身が就職強者であることがほとんどです。自分自身が若さ、学歴、経験を武器として就職活動を勝ち抜いてきた経験者であり、日々の業務でも競合である大企業をベンチマークとしながら似たような方針で採用活動をしているのを見ているため、都市型の採用活動に慣れています。それが王道であるという固定観念があるため、採用活動のパラダイムシフトが難しいのです。

その点でも、地方で働く魅力をアピール要素とする採用活動ができるかどうかが重要です。アプローチ対象を変える場合には、アプローチ方法も変えなければならず、それができる企業がU・I・Jターンのような新しい求職者層を採用できるのです。

⑤【就職氷河期世代】中間管理職として活躍を期待できる

就職氷河期世代は、非正規雇用の期間が長かったり、いくつもの仕事を転々としていたりする人もいますが、ほかの世代と比べて能力が低いわけではありません。受験戦争を勝ち抜き、優秀な大学を卒業した人が、不運にも就職先が少ない時期に社会に出てしまい、非正規雇用となったケースもあります。そのため、学歴や経験を掘り下げていけば、自分たちの企業で十分にスキルを発揮できる人が見つかる可能性も高いといえます。また、この層は人口が多い世代であるため、採用対象として目を向けることによって応募者の母数が増えます。

就職氷河期世代は、仕事や職場に恵まれなかった、または恵まれていないと感じる期間が長いため、働くことに対して消極的になっている人が多いことが特徴です。また正規雇用の経験がなかったり、仕事を転々として1社での経験が短くなっていたりすることから、達成感が大きい仕事に携わったり、成功させたりした経験を持つ人も少なく、自己肯定感が低い傾向もあります。

採用して活躍してもらうためには、このマインドを変えていかなければなりません。まず小さなプロジェクトを任せるなどして成功体験を積んでもらったり、後輩や部下の管理や教育を任せて責任ある仕事に携わる機会をつくったりすると、自分が役に立てる業務などが把握でき、自信が持てるようになります。自分の価値を認識することで仕事に対するモチベーションが高くなり、専門性の向上やスキルアップのために勉強を始めたり、マネジメントなど高度なスキルが求められる仕事に意欲的に取り組み始めたりすることもあります。

採用する際の注意点：正社員雇用がフックになる

この層は良くも悪くも転職慣れしている人が多いため、求人広告などを通じてアプローチすることができます。ただし、20代〜30代の若い人を希望するメッセージを出すと彼らは「自分には関係ない」ととらえて、反応しません。また、非正規雇用が長い人は経験の幅や深さが足りないこともあるため、そのような点を求めるよりも、真面目さや主体性といったことに重点をおくのがよいかもしれません。

一方で、就職氷河期世代には独学で資格を取得したり、専門分野の勉強をしたりする、勉強熱心な人もいます。企業として欲しいスキルなどがある場合は、そこをフックにしてアプローチする方法もあります。

アピール方法は、正社員として安定的に働きたいと思っている人が多いことを踏まえて、雇用形態をアピールするとよいでしょう。この層は、正規雇用で働くことが難しい状況を経験しているため、その機会があれば熱心に仕事に取り組み、同僚、企業、社会のために貢献したいという気持ちも強いといえます。また、今までの仕事では自分の経験やスキルを発揮できなかったと感じている人も多いため、その機会を提供できることをアピールするとこの層に刺さりやすくなります。

また、経済的に安定していることや、長期雇用を前提としてキャリアパスを描けることもこの層に刺さるポイントといえます。非正規雇用や職を転々とする働き方では実現が難しい働き方ができること、そのような環境で自分の新しい可能性を見いだし、企業の大事な一員として一緒に成長していける職場であると伝えることも重要です。

⑥【フリーター・ニート】居場所を与えれば企業に貢献できる

フリーターやニートに共通しているのは、正社員として活躍し、誰かの役に立ちたいという気持ちがある一方で、その道筋が見えず、半ば諦めの気持ちになっていることです。例えば芸能系などの道を進むためにあえてフリーターを選んでいるようなケースはまた別かもしれませんが、その状態が長く続くほど、正社員を目指す気持ちが薄れ、アルバイトを転々とする状態に甘んじるようになります。この状態から抜け出すために必要なものこそ、仕事なのです。

実は私も高校を卒業してからしばらくの間はフリーターをしていました。実家の経済的な事情もあって目標を見いだせず、将来に対する不安やストレスなどから精神的な負担が大きくなり、パニック症候群を患って半年近く家に引きこもっていたこともあります。その経験があるからこそ、フリーターやニートの気持ちが実体験としてよく理解できるのです。私の場合は、縁あってリクルートで制作の仕事に携わることになり、求人広告の制作という仕事に就いたことで、自分のキャリアパスが描けるようになりました。

ここで重要なのは、経験の有無や職種は関係ないということです。私は広告制作に興味を持っていたわけではなく、入社時は未経験でした。最初は雑用ばかりで、とくに楽しいとも感じていませんでした。

しかし、徐々に責任ある仕事を任され、仕事で成果が出せるようになると楽しく感じるようになります。求人広告の出稿者である企業の経営者や人事担当者にインタビューを行ったり、自分が考えたアイデアを採用してもらったりすると、自分が習得した経験が点から線になっていく感覚を得て、仕事にのめり込んでいくようになりました。このように成功体験を通じて自分が誰かの役に立っていることを実感できるようになると、フリーターやニートだった人でも熱心に仕事に取り組む社会人に変わるケースが多いように思います。何ができるか分からず、何がしたいのかもよく見えていない根無し草のような状態のときこそ、地に足をつけて取り組める仕事と出合うことが重要なのです。

その機会を提供できるのは企業です。とくに地方企業での仕事は生活環境や人間関係も大きく変わります。非正規雇用が長くなり、結婚や子育てをしている未来が見えなくなりつつある状態の人でも、地方に行くと環境が変わり、リセットした気持ちで新しい挑戦ができるようになります。やってみたいことを見つけたり、やれるという自信が持てるようになったりすることもあり、中小企業や地方企業からのアプローチは、そのきっかけになるのです。

採用する際の注意点：経験よりやる気を重視

フリーターを正社員として採用する場合は、新卒を対象とするときと同じように、任せたい仕事を明確にするとよいです。この層は若い人が多いため、これまでの経験やスキルよりも、熱意ややる気を重視すべきです。未経験の仕事でもやる気があれば任せる姿勢を見せ、どの分野で、どんなことを得意にしながら成長できるのかを企業側がイメージすることが大事です。

アピール方法は、給料も大事ですが、この層は正社員として働く機会を求めています。そのため、就職氷河期の人たちと同じように、雇用形態を伝え、中長期で一緒に成長していける仲間を探していることが伝わると彼らに刺さりやすくなります。

⑦【障がい者】シナジー効果で企業に変化をもたらす

障がい者雇用は、企業の社会的意義としてボランティア的な意識で雇用したり、業界や企業によっては法律上の規定を満たすために雇用していたりするケースもあります。実際、企業の社会貢献という点では意義も効果も大きく、当事者が社会に参加できるようになるだけでなく、障がいのある家族を世話している人も社会に参加しやすくなります。

一方で、近年は特別扱いするのではなく、ほかの従業員と同じ一人の従業員として迎え入れ、仕事を任せる企業が増えています。

また、業務の内容も、従来は単純作業が中心でしたが、最近はそれぞれが持つスキルに着目して、その人が最も活躍できる業務を担当してもらうように変わっています。

これは多様性が重視されるこれからの社会で重要な視点です。とくに昨今のように社会が大きく変化する時代では、一つの統一された考え方しか持たない企業は対応が限定されます。しかし、さまざまな考え方ができる人が集まる企業は、視点が異なる意見を出し合うことで柔軟に適応できます。年齢や経験がさまざまな人が入り交じり、それぞれの色が組み合わさったモザイク画のようにして1つの企業を構成すると、企業の成長の方向性や可能性もあらゆる方向に広げていくことができるようになるはずです。

私はかつて、車椅子バスケットボールのチームに所属していたことがあります。きっかけは大学の授業で障がい者スポーツを見学したことでした。一緒にプレーを楽しんだメンバーのほとんどは車椅子を常用する社会人でしたが、みな自分の仕事に誇りを持ち、大黒柱として家族を養っている人も多くいました。ここでの関わりがあったことによって、私自身も「障がい者＝支援が必要」というイメージが吹き飛び、個性の一つだととらえることができるようになりました。

これからの会社、経営者はこうした観点を持ち、企業は障がい者が自分らしく働ける場をつくり、また、企業全体で成長を目指していく土壌や社風をつくっていくことが求められます。

採用する際の注意点：個性を活かせる場をつくる

障がい者の就労機会は中小企業の場合は経営者の意思一つで実現できます。従業員一人ひとりがそれぞれのスキルを活かして活躍するように、障がいを一つの個性ととらえながら、できること、できないことを精査し、得意なことで力を発揮できるようにしていくことが、これからの障がい者雇用で重要な視点になっていきます。

多様性の観点では、障がい者は健常者とは違う視点を持っているため、お互いの意見を持ち寄ることでシナジーが期待できます。例えば、健常者にとってはなんの不便も感じない日常が、障がい者から見れば非常に不便で、そこにある課題を解消することが事業につながるかもしれません。社内の職場環境に関しても、障がい者がケガなどをしないように配慮することで働きやすい環境に変わります。

また、今後は障がいの有無にかかわらず多くの人が社会と関わっていくため、制度や環境づくりの点で障がい者が活躍できるようにすることは、多様性重視の社会をリードする会社へと変わっていくことにつながります。例えば、障がい者向けの教育や育成の仕組みをつくったり、彼らの意見を吸い上げ、取り入れる仕組みをつくったり、最も重要なこととして、彼らが活躍できる業務を選定し、業務フローを変えていくことが、就労機会の創出という点で障がい者のメリットになるだけでなく、企業にとっても成長と変革のきっかけになるのです。

ちなみに、私たちの会社にも前職でのストレスで精神的に疲弊してしまった従業員がいます。入社当初は医療機関に通いながら仕事をしていましたが、その後は着々と快方に向かい、今は制作担当の主軸として活躍しています。

第4章

募集要項の作成、採用媒体への掲載、面接……

自社にとって
戦力となる就職弱者を
採用するためのポイント

採用したい人のペルソナを設定する

戦力になり得る就職弱者採用のポイントについて説明していきます。

1つ目はペルソナを正しく設定することです。ペルソナは、年齢、性別、学歴などを基本として、新卒採用なら出身学部、高校や大学での経験、中途採用であれば前職の年収、経験、スキル、転職理由、転職先に求める条件などを定めていきます。また、ペルソナをより具体的にするために、性格面での長所と短所、取得した（したい）資格、キャリアプランなども細かく設定します。趣味や休日の過ごし方なども設定するとよいでしょう。

ただし、就職弱者にはいくつかの層があります。この層から自社で活躍する人を見つけ出すためには、それぞれの層に対してペルソナを設定し、アピール方法を考えていかなければなりません。

具体的には、ペルソナ設定からスタートし、自社の強みの棚卸し、市場調査、広告制作を経て、応募者の選考へと進んでいきます。また、その後工程として採用活動のレビューを行い、改善点を次の採用活動に活かします。

待遇ありきで採用が決まる場合には、アピール方法がシンプルでも求職者が獲得できます。しかし、就職弱者を対象とする場合には、このプロセスを工夫し、戦略的なプロセスに再構築する必要があります。やることが増え、細かくなるため、煩雑に感じる人もいるでしょう。しかし、人が減っていく社会では、採用弱者の企業はそれくらい緻密な戦略を持たなければ人を確保できないのです。

求職者に求めるスキルや経験など、企業側の希望を明確にすることは引き続き重要です。しかし、就職弱者は経験や背景が多様であるため、さらに一歩踏み込み、企業として希望する人材の条件を考え、提示することによって応募を獲得しやすくする必要があります。

とくに近年は求職者の価値観や働き方が多様化し、企業に求める条件が変化しています。その点でも、マーケティングの考え方で求職者を深く分析し、企業が採用したい人に「働きたい」と思ってもらうための情報や条件を打ち出していくことが求められます。

ペルソナは、採用したい人を具体的に想定しますが、1人だけに絞る必要はありません。例えば、年齢面で就職弱者である高齢者層なら、「このようなスキルを持つ人を採用したい」、経験面で就職弱者であるフリーター層では、「このような働き方ができる人を採用したい」、といった条件をそれぞれの層に対してペルソナ設定することで、採用できる可能性が高まります。また、高齢者層のなかでも、技術を活かして現場で活躍してほしい人のペルソナと、マネジメント職として活躍してほしい人のペルソナを設定するなど、同じ層のなかで2つ以上のペルソナを設定することもできます。

条件が多すぎたり、ペルソナを増やしすぎたりすると、採用活動のためのリソースが分散したり、アピール方法が煩雑になったりする可能性がありますが、採用できる確率をできるだけ高めるためには、就職弱者の各層で1つずつペルソナを設定するのがよいでしょう。

本当に必要な人を採用できる

ペルソナ設定のメリットは、本当に必要としている人に絞り込んだ採用活動ができるようになることです。従来の採用活動は「20代、大卒、女性、都市部在住」といった条件を決めて、ターゲットを設定していました。しかし、「どういう人を採用したいのか」を起点にして募集する人の属性を深掘りすると、果たして20代が絶対条件なのか、自分たちの仕事に大卒という学歴は必要なのか、といった疑問が浮かんできます。

本当に必要なのは営業に向いた性格の人である、仕事への熱意がある人だ、といった条件からペルソナ設定を進めていけば、20代であることは実は必須ではなく、40代でもよいかもしれません。20代の新卒は、仕事を覚え、稼げるようになるまでの育成の時間がかかるため、その点から見れば、むしろ40代の経験者のほうが良い可能性もあります。

このような考察と気づきによって、根拠なく設定していた「20代の大卒」という枠の外に踏み出すことができ、アプローチ対象を就職強者以外に広げることができます。年齢、性別、学歴といった根拠の薄い条件づけによって省いていた人まで対象に含められるようになり、本当に必要としている人を採用できる可能性が高まるのです。

ペルソナ設定は、採用コストを抑えることにもつながります。採用コストが上がる要因の一つは、空振りに終わる求人広告を出すことです。例えば、本来であれば自社にとって必要ではない過度な条件をつけることによって応募者が来なくなり、広告費が無駄になります。

その点、ペルソナが明確になれば、採用したい人に刺さりやすい手段で、伝わりやすいメッセージを発信できるようになります。選択と集中の考え方で、その人を獲得するために費用を集中し、それ以外の求人広告を省くことによって採用活動を効率化できます。

また、業務内容を理解していることや、社風になじみやすい性格などを条件としてペルソナ設定をすると、ペルソナに合致する人は入社してすぐに仕事を覚え、職場に溶け込みます。業務の進め方や企業の価値観などについて教える手間がかからないため、その点でも効率化できます。

ペルソナを見直して正しく設定

ペルソナは、経営者または採用担当者が設定できるのが理想です。設定方法や深掘りの方法が分からなければ、また、時間がない場合なども、最初は採用支援に強いコンサルティング会社などを使い、相談しながらつくっていくことができます。

私たちもその手伝いをすることがあります。私たちの主な業務は紙やサイトのメディアに掲載する求人広告のコンセプト設定や制作ですが、その過程では経営者や採用担当者から、どのような人材を求めているのかを聞きます。また、その話を踏まえてペルソナ設定の手伝いをします。

その際に重視しているのは、企業の目指す姿を知ることです。それは中期経営計画などに示されていることが多いため、私たちはそのような資料を全て読み込み、どのような人材が必要なのかを考えます。

中小企業は、目先の人員確保のために採用活動を行うことが多いのですが、企業としてこれからどういう方向を目指すのか、5年後、10年後にどうなっていたいのかを踏まえることで、場当たり的な採用を戦略的な採用に変えることができます。これは外部の力を借りなくても、自分たちで精査できます。「人が足りないから補充しよう」「とりあえず、退職した人数分を採用しておけばいいだろう」などと考えるのではなく、自分たちが目指す姿と今の姿を比較して、足りないスキルは何か、どのような人材が不足しているかを考えることで、採用活動を場当たり的な補充作業から成長のための施策に変えていくことができるのです。

最近は企業の人手不足が深刻化していることもあり、採用コンサルティングの会社が増えています。例えば、支援内容には違いがあり、メディアの使い分けや組み合わせ方のノウハウを持っている企業があれば、採用戦略の立て方に特化した支援をする企業もあります。求人広告の出し方をアドバイスしたり、採用業務全般をフォーマット化したり、丸ごと引き受けたりする企業などもあります。

ペルソナ設定から始める採用活動の場合は、型にはまった採用ではなく、企業の採用ニーズを深く掘り下げ、そのニーズを満たす方法をゼロから一緒に考えてくれる企業に依頼するのがよいでしょう。採用弱者の企業は少ない応募数のなかから自社で活躍できる人材を見つけ出さなければならないため、この厳しい状況で成果を出すためには、経営方針や成長戦略などを理解し、深く関わってくれる会社であることが大事なのです。

また、当初はコンサルティング会社の力を借りるとしても、ずっと頼りっぱなしにするのではなく、段階を経ながら自社で全てできるようになることが重要です。今後は人手不足が進み、採用のノウハウが企業の財産になります。コンサルティング会社に任せきりにすると、その財産が自社のものにならないため、コンサルティングを通じてノウハウを学びながら、自分たちのノウハウとして身につけていくことが重要です。そのためにもノウハウを吸収する役割として採用担当者が必要です。

業務を深掘りして必要なスキルを特定

ペルソナに求める細かなスキルは、業務内容から考えるのがよいでしょう。私の経験からお伝えすると、過去の顧客の例で、全国のホームセンターにある園芸売場の花《か》卉《き》のマーケティングを行っている企業がありました。生産者とバイヤーをつなぎ、無駄のない生産量と流通を実現し、価格帯を安定維持するための生産・流通・販売戦略を練っていく企業です。

この企業の営業職を募集する際に、農学部出身の人、園芸に興味がある人といった打ち出し方をしていました。これらの条件は業務との関連性が高いため、採用担当者も疑問を持っていませんでした。

しかし、応募はなかなか増えません。希望する条件を満たす人も来ません。

そこで業務内容を深掘りしてみることにしました。仕入れ担当に任せたい業務は、仕入れる量を管理したり売上予測を立てたりすることです。例えば、昨年はチューリップが何万本売れたけど、今年はトレンドがほかの品種に動いているから、この品種をこのくらい生産して販売できるといった予測をして、仕入れを考えます。それを起点として必要なスキルを明確にしていったところ、農学の知識や園芸の興味も、ないよりはあったほうがよい程度のものであることが分かりました。

花は専門用語が多いのですが、それらは仕事をしながら覚えることが可能です。そう割り切って、出身の学校や学部、園芸に興味を持つ人という条件をなくし、マーケティング担当者募集という打ち出し方に変えました。その結果、応募者の層が変わり、応募者の総数も増えました。1つの原稿で応募者が数十人集まり、そのなかの3人を採用することになったのです。

応募者の多くは花への興味がなかった人たちで、大半はマーケティングの経験がある異業界の人でした。採用した3人も園芸業界は初めてでしたが、マーケティング分野の経験を発揮し、企業が期待したとおりの活躍をしました。属性から入らず、業務の深掘りからペルソナを見直すことで、業務の魅力や伝え方が変わり、新しい層にアプローチできるようになったのです。

スキル重視で応募者層を広げる

花について知らない人が園芸市場で活躍するという事例に関わり、一つ感じたことがあります。それは、従来のような業界軸で求人する方法ではアプローチできる人材に限界があるということです。

現状、求職者の多くは業界を入り口として仕事を探しています。例えば、編集や制作といった仕事に就きたい人は出版業界という枠の中で求人を探します。また、出版社も「出版の仕事をしませんか」という打ち出し方で求人広告を出します。

この方法も求職と求人の基本形として今後も残るでしょうが、一方では、企業の事業が多様化しています。出版社は従来、書籍、漫画、雑誌などを作っていましたが、今はデジタルコンテンツや映像も作っています。

この事業を運営していくためにはＩＴや映像制作の知見を持つ人が必要で、そのような人材は「出版の仕事をしませんか」という業界軸の打ち出し方ではアプローチできません。業界の枠を超え、ＩＴ業務に詳しい人、映像制作に携わりたい人といったスキルを軸とした打ち出し方に変え、ＩＴ業界や映像業界の求人広告を見ている人に手を伸ばしていく必要があるのです。

このようなアプローチは、「ジョブ型採用」や「スキルベース型採用」と呼ばれます。ジョブ型採用は、業務内容を記したジョブディスクリプションを共有して、その業務ができる人材を採用します。スキルベース型採用は、求職者の学歴や職歴ではなく、スキルを基準として採用するものです。

アプローチ対象を広げるためには、ペルソナ設定もスキル軸で考える必要があるでしょう。ＩＴ人材を採用したいのであれば、ＩＴ分野のなかで具体的にどのようなスキルにたけている人が欲しいかを明確にし、ＩＴ担当者としてどのようにスキルを伸ばし、どのようなキャリアパスを描けるかも明確にしてアピールします。企業の事業内容が多様化し、求めるスキルが細分化していく時代では、この方法によって求職者が持つスキルと企業が求めるスキルをマッチングさせることも重要なアプローチ方法になります。

もう一歩踏み込むと、日本は長期にわたって「メンバーシップ型採用」を導入してきました。これは、採用時にはどのような業務を担当するか定めず、総合職として採用したあとに業務を振り当てる方法のことです。日本企業は新卒採用に力を入れる傾向が強く、また、外国と比べて人材の流動性も低いため、終身雇用を前提としながらさまざまな部署を経験し、従業員がゼネラリストとしてキャリアアップしていく仕組みが定着してきたのです。

しかし、近年は転職が珍しくなくなりました。中途採用する企業はゼネラリストよりも即戦力となるスペシャリストを採用するようになり、求職者も自分の経験とスキルを武器にしながら1社に長く勤めることにこだわらずキャリアアップしていく働き方を選ぶ人が増えています。

その点でも、スキルを入り口としてペルソナを考えることが重要です。メンバーシップ型採用は採用してから活躍の場を考えるため、企業として求めているスキルを明確にしなくてもよいですが、中途採用はスキルが重要であるため、スキル軸でペルソナを設定することが重要です。

成長戦略からペルソナを考える

ペルソナに求めるスキルは、企業が目指す成長戦略を起点として掘り下げていく方法もあります。

例えば、地方のあるスーパーマーケットでは、ＤＸ人材を採用して成長しています。このスーパーはデジタル活用による業務の効率化を推進しようと考えていました。しかし、既存の従業員はほとんどが店舗販売出身者でＤＸ分野に詳しい人がいないため、システム設計やメンテナンスができません。エンジニアの求人も行っていましたが、スーパーマーケットとＤＸのつながりが求職者に伝わりづらく、その分野の人からの応募がありませんでした。

そこで、スーパーのＤＸにはどのような価値があり、やりがいがあるのかを整理しました。またそれを踏まえて、具体的にどのようなスキルを持ち、どのような働き方をしたい人が必要なのかを特定しました。

そこで見えてきたのは、新規分野のＤＸで活躍したいと思っている人や、ＤＸプロジェクトのリーダーとして活躍したいと思っている人です。大企業などのDXプロジェクトは大きなチームの一員で、部分的な仕事にしか携われません。しかし、地域のスーパーマーケットならプロジェクトの中心人物となってDX推進ができ、エンジニアとしてのキャリア形成ができます。

また、エンジニアは裏方業務で表に出る機会は少ないのですが、業界を先取りしてスーパーのDXを推進していくと、その取り組みが注目される可能性もあります。そのような働き方を希望する人をペルソナとして求人広告を出した結果、優秀なエンジニアを採用でき、DXプロジェクトが大きく前進することになったのです。

事業内容で関心を引く

就職弱者を採用する2つ目のポイントは、自社の強みを把握し、ペルソナに刺さるアピール要素を抽出することです。強みは、事業内容、従業員や社風の特徴、制度などを切り口として整理できます。

事業の強みは、業界他社との違い、売上や利益の伸び、技術や事業モデルの優位性などがあります。成長戦略、市場や顧客からの評価などもアピール要素になるでしょう。

従業員と社風は、従業員の平均年齢が若いこと、専門性が高いプロフェッショナルが多いこと、新しいことに挑戦しやすい風土があることなどをアピールでき、制度面では、報酬や休暇制度の特徴をアピールできます。

私たちの顧客の例では、事業内容の強みをアピールして応募者を大幅に増やした例があります。その企業は、ビン、缶、プラスチックのチューブなどの容器に内容物を詰める充填機械を作る地方の企業で、創業から100年以上の歴史を持ち、その業界ではそれなりのシェアを持っていました。ただ、ニッチな業界の地味な事業で、地方企業であるため認知度も低く、採用に苦労していました。

転機となったのは、充填機の製造技術を用いる新たな事業がスタートしたことです。再生医療を研究する大学から、この企業の技術を、医療機器の一部を作る過程で応用できるのではないかと打診され、そのための技術開発や設備づくりを主とする事業を立ち上げることになったのです。

この取り組みはまだスタートしたばかりで実績はありませんでしたが、最先端の医療に関わる事業に携わっていることを企業の強みとして打ち出しました。するとベンチャー事業に興味がある人、医療業界の研究部門で働いていた人、機械工学の専門知識を持つ人たちからの応募が増えました。また、想定外だった新卒や第二新卒の層からも、工学部系の学部を卒業した人から応募を獲得できるようになったのです。

そのなかからペルソナに合致する人を採用して、現在は医療事業を新たな収益の柱として育てていく体制ができています。また、この経験を踏まえて、ウェブサイトや企業パンフレットの内容も変えました。今までは地域に根ざす歴史ある製造業であることをアピールしてきましたが、今はものづくりの専門性を活かして医療の発展に貢献している話を入れ、新たな企業イメージへの変革に結びつけています。

従業員視点で強みを把握

マーケティングの観点から見ると、強みの把握では従業員の視点も重要です。まずは従業員が仕事を通じてどのようなキャリアパスを実現できるのかを整理します。業務で身につく知識、業界や社会に向けた貢献、マネジメント職について企業の成長に深く関わっていくやりがいと責任などを体系立てて見ていくことで、企業として従業員に提供できる価値を把握することができます。

実際に働く従業員の声を聞き、日々の業務のなかにある楽しさや、満足していることなどを情報収集することも大事です。これらリアルな声のなかには、経営者や採用担当者が気づいていない魅力が隠れていることがあります。

私たちも、広告制作の過程で従業員への取材とヒアリングを行うことが多く、その企業にしかない魅力を深掘りして聞き出しています。それを広告の原稿に反映させることで説得力が増し、求職者に刺さる内容に仕上がることが多いのです。

ヒアリング対象者はできるだけ幅広く立体的な人選が重要です。魅力の感じ方は業務内容や階層によって変わるため、マネジメント層や現場の従業員はもちろん、パートやアルバイトで働く人たちからも意見を聞くとよいでしょう。入社したてで社歴が浅い従業員がいれば、入社の決め手や他社よりも優れていると感じた点を聞くことによって自社の魅力を深掘りできます。

また、従業員は取引先や顧客と接しているため、それら関係者の評価も知っています。競合との比較で自分たちがどのような点で優れているのかも把握しています。そのような情報も自社の強みを把握することにつながります。

自社の魅力を詳しく聞くためには従業員一人ひとりにヒアリングするのが理想です。これは1 on 1（上司と部下が1対1で行う面談）などによって話を聞くことができます。

それが難しい場合は従業員全員を対象にアンケートを行うこともできます。従業員の声を分析していくと、例えば、「事業内容に将来性がある」「職場の風通しが良い」「フレックス制度で自由度が高い」といった共通の意見が見えてきます。これらのキーワードも自社の強みを表すもので、求職者に向けたアピール要素になります。従業員にヒアリングした内容は、それを編集してウェブサイト内に「先輩の声」として掲載することもできます。

また、ヒアリングや調査の過程では企業の魅力のほかに課題を聞くこともあるはずです。例えば、入社時やスキルアップの研修についての要望を持っていたり、風通しや評価制度といった職場環境に関して不満を持っていたりする人がいるかもしれません。それらは採用戦略とは直接的な関係はありませんが、経営課題としてとらえて改善していくことによってより良い企業へと変えていくことができます。

市場内の求職者数を把握する

就職弱者の採用活動における3つ目のポイントは、採用市場を踏まえることです。例えば、30代の営業経験者を採用したいといった希望だけで求人広告を出したとしても、市場が小さく、その条件に該当する人が少なければ採用には至りません。人手不足の原因は業務内容や待遇ではなく、魚がいないところで釣りをしていることかもしれないのです。

これは地方企業でよくある失敗例です。市場の規模と採用できる可能性を考えていないことが原因で、採用活動の空振りが増え、そのせいで採用コストを垂れ流しています。

求職者の母数が少ないほど競合とのとり合いになり、ペルソナに合致する人の数も少なくなるため、採用のミスマッチが起きやすくなります。ブランド力が高い企業や高い給料が支払える大企業であっても、人が少ないことが原因で地方拠点での求人に苦労することが多いのです。

企業としての希望を明確にすることは大事です。しかし、現状として応募者が少ないのであればアプローチする市場を見直す必要があります。

そのためにはマーケティングの視点を持って、アプローチしたい市場環境を把握しなければなりません。市内在住の人にアプローチするなら、ペルソナに合致する年齢層の人がどれくらいいるか、どの属性の求職者が多いのか、求人している企業がどれくらいあるか、そのなかで自社と競合する企業はどれくらいあるか、といったことを、人口動態や失業率などを参考にして調べます。

市場を分析した結果、母数が少ないことが分かれば、求人の地域を広げなければなりません。地域外の人にアプローチする際には、企業の魅力だけでなく、地域やコミュニティの魅力も併せて伝えていく必要があります。このように市場からの視点で考えることで採用の確度が高くなっていきます。

求職者に訴えるメッセージが重要

就職弱者の採用活動における4つ目のポイントは、ペルソナに刺さる求人広告の原稿を作ることです。ペルソナが明確で、自社の強みと市場の分析が的確であれば、求職者に刺さりやすい原稿は自ずと絞り込むことができ、空振りする可能性も小さくなるはずです。

求人広告の原稿には2つの役割があります。まずは、求人の条件や企業の概要を伝える役割です。例えば、どんな業務か、どういう人が欲しいか、待遇はどうかといった基本的な情報を伝えます。これは多くの企業が伝えていることですが、言い方を変えると、これらの情報を伝えるだけにとどまっているケースがほとんどです。

次に、ペルソナを振り向かせることです。就職弱者向けの採用活動は、本当に欲しい人材を獲得することが目的ですので、それ以外の人に刺さらなくても問題ありません。むしろ多くの人が関心を持つと応募者の振り分けに手間と時間がかかり、ミスマッチが起きる可能性も高まります。ペルソナに絞り込んだメッセージは、ペルソナの条件に合わない人を省く意味もあります。そのために、ペルソナの視点に立って、魅力的に感じるメッセージを考えます。

そのためには基本的な情報のほかに、自分たちの強みをアピールしたり、入社することでどのようなメリットがあるかを伝えたりするメッセージが必要です。このメッセージの訴求力が強いほど採用の確度も高くなります。

メッセージは、カッコ良く見せたり、きれいな言葉で飾ったりしても成果にはつながりません。競合が多い求人広告群のなかで自社のメッセージを目立たせようと考え、変わったキャッチコピーを考える人もいます。育成の制度をアピールして、成長していくイメージをキラキラ感とともに伝える企業もあります。

しかし、それはかえって就職弱者を遠ざける可能性があります。就職弱者は積極的に学び、カッコ良く働くことよりも、自分らしく働くことを望む人が多いため、就職強者向けのキラキラ感はこの層には深く刺さらないのです。

例えば、Uターン層を狙うのであれば、彼らは地域に愛着を持っているため、なじみのある土地で仕事ができる魅力を伝えることが効果的です。また、地域への愛着は企業も同じですので、地域の課題を一緒に解決していく、地域に根ざす企業として地域の発展に一緒に貢献していくといったメッセージも刺さります。共通の目標を持つことはお互いの距離を縮め、仕事に取り組むモチベーションを高めることにつながります。

また、地方の場合は金額的には都市部の給料より低くなります。その点だけで比べられると見劣りするため、現在の給料でどれくらい豊かに暮らせるか、休日にどのような楽しみ方ができるかを従業員の実生活を例にしながら伝えるのがよいです。

例えば、月収20万円というと都市部の感覚では少なく感じます。しかし、地方は土地や家賃が安いため、都市部では住めないような広い家に安く住むことができます。

そういった情報も従業員の声などを通じて細かく伝えていくことで、給料の金額からは読み取れない地方の価値を伝えることができます。

就職弱者向けの求人広告を作るには

私が過去の経験からお伝えしたいのは、求人広告に掲載された、とがったキャッチコピーや強い表現に対して、就職弱者は引いてしまいがちということです。例えば「挑戦」「切り拓く」「ビジョン」「前進」などの刺激的な単語は、就職強者ならやる気を駆り立てられるかもしれませんが、就職弱者にとっては「自分にはできないんじゃないか」「周囲においていかれるかもしれない」など、不安にさせる恐れがあります。

あおるようなフレーズではなく、「ここなら自分でもやっていけそうだな」と思わせる、優しい表現にしてください。例えば「みんなが未経験だったから、あなたの不安な気持ちはよく分かります。あせらず、一緒に成長していきましょう」など、「受け入れてもらえそう」と思わせるコピーがおすすめです。

意識したいのは、就職弱者の心境を理解し、気持ちに寄り添うことです。就職弱者が、求人に応募するにあたってどんな不安や悩みを抱えているのかを考え、どんな求人広告なら安心できるかを考えることが大切なのです。

また、仕事内容はできるだけ具体的に、細かく記載する必要があります。専門用語や業界用語は使わず、自社の業務をまったく知らない人が読んでも分かるような文章を心がけます。例えば営業職を募集するなら、「自社の商品・サービスをお客様に提案する」という抽象的な表現は避け、顧客の業界や企業規模、新規営業かルート営業か、売上目標はどれくらいか、一日にどれくらい顧客を訪問するのかなど、詳細に記載するほどよいです。

教育制度や研修なども同様です。未経験ＯＫの求人なら、「未経験から始めた先輩が、3年でここまでできるようになりました」など、実例を紹介すると就職弱者は安心できます。

就職弱者に向けた求人広告に、クリエイティビティや面白さなどは求められていません。とにかく、就職弱者の心理的なハードルを下げることを最優先してください。

就職弱者を採用する面接対策

就職弱者を対象とする採用活動では、面接の工夫も重要です。面接は採用活動の締めくくりであり、新たな従業員を迎え入れ、新たな体制に変わるという点ではスタートでもあります。

多くの企業にとって面接は応募者の選別の作業です。給料などの待遇に引かれて応募する人が増えるほど応募者が玉石混交になるため、企業として求めているスキルを持っているか、経験は十分か、人間性や考え方が自分たちと合うかどうかを確認し、そのうえで最適な人を選び、それ以外の人をふるい落とします。

選別の視点は重要です。ペルソナ設定からスタートする採用活動も、求めている条件に合わない人を採用するとミスマッチになるため、最終段階できちんと人を見極める必要があります。

とくに採用人数が少ない企業は、良くも悪くも採用する1人の影響が大きくなります。1000人の企業が、条件に合わない人を1人採用してもそれほど影響はありませんが、10人の企業で1人のミスマッチが起きると、ほかの従業員に与える影響が大きくなります。実際、中小企業や地方企業では、社風に合わない人を採用し、企業全体の雰囲気が悪化したり、業績が下がったりするケースがよくあります。

これは面接によって回避しなければならない大きなリスクです。ただ、ペルソナに絞り込んで求人広告のメッセージを作り、求人する手段を選んでいけば、待遇を前面に打ち出す採用活動と比べて、希望する人とは大きく外れるような人が応募してくる可能性は小さいはずです。求人広告のメッセージを例にとると、その内容は基本的にはペルソナにしか刺さらないため、それ以外の人が応募してくることは少なく、外れている人を選別する手間や時間も最小限で収まるのです。

その点でペルソナ設定からスタートする採用活動は選考を効率化します。ペルソナに合致している人の中から一緒に働きたいと思う人を選ぶことで最適な人材を選ぶことができます。

企業と応募者の相互理解が大事

面接では選別以外にやらなければならないこともあります。その一つは、応募者の「ここで働きたい」という入社の動機づけをすることです。求人広告で関心を持ってもらったとしても、面接の印象が悪ければ入社意欲は低下します。つまり応募者は選ばれる人であると同時に、企業を選ぶ人でもあるということです。

そのことを念頭において、面接では改めて自社や仕事の魅力や、仲間として一緒に成長できる企業であることをアピールします。パーパスなども伝え、共感を得られているか確認するとともに、社会や地域に貢献するモチベーションを高めてもらうことも重要です。

面接では、企業、社風、業務などについて応募者と相互理解を深めることも大事です。この時点ではまだ応募者はどのような企業か理解しきれていません。求人広告などの情報だけしか知らないため、納得度を高めて入社してもらうために、面接での説明や質問を受けることによってより深く理解してもらう必要があります。

また、企業側も応募者について深く知っているわけではありません。そのため、質問と会話で相手について知る必要があります。

どういう業務を任せ、どのように成長し、企業にとってどのような存在になってほしいかを伝えることも重要です。ここに理解の食い違いがあると、採用のミスマッチが起きます。例えば、企業が求める成長と応募者が考えるキャリアパスがずれていると、お互いにストレスがたまります。この状態では採用しても長続きせず、すぐに辞めてしまうか、ほかの従業員に悪影響を与えてしまいます。それを避けるために、入社後に視点を向けて、働き方や役割についてお互いの理解が合っていることを確認する必要があるのです。

出会いは全て機会になる

面接を通じた応募者の選別とふるい落としは、基本的には応募者がたくさん来る採用強者の企業の視点です。中小企業や地方企業はそこまで多くの応募者が来ることがないため、ふるい落とすというよりは応募者のなかから最もペルソナに近い人を選ぶという感覚での面接が多くなるでしょう。

ペルソナと違う人は断らなければなりません。そのせいで採用できる人がゼロになるとしても、ミスマッチによって業務や成長に悪影響が及ぶほうがダメージは大きくなります。採用活動は何度でもできるため、無理して採用することは避けて、今回はうまくいかなかったと割り切り、次の機会を検討することが大事です。

ただ、ペルソナに合っていない場合でも、面接では相手に興味を持ち、質問したり意見を聞いたりしながらコミュニケーションをとることが大事です。もしかしたらペルソナとは違った魅力を持つ人を見つけられる可能性もあるからです。

私たちの顧客のなかにも、そのパターンで優秀な人材を獲得したケースがあります。ある地方企業は、求人の締め切りを過ぎてから応募してきた18歳の女性を採用しました。普通は断りますが、採用担当者は「せっかく応募してくれたので」と考えて面接することにしたのです。

また、ほとんどの応募者は落ち着いた格好で面接に来ますが、その女性はピアス、茶髪、派手な服で現れました。その姿を見て採用担当者は度肝を抜かれましたが、一方で、ほかの人と違うところが面白いと感じ、普段どおりに丁寧に面接を行いました。

話を聞いてみると、スキルや経験の面では求人の条件は満たしていません。ただ、働くことに対する熱い思いがある人であることが分かりました。採用担当者は彼女の中に光るものを感じるとともに、既存の従業員と異なるタイプの人が入社することによってイノベーションが起きるかもしれないと考え、採用することにしたのです。

その後、彼女は熱心に仕事に励み、今は企業の主軸メンバーとして活躍しています。企業の業績向上にも貢献し、採用担当者のもくろみどおり、社風や職場の雰囲気も良い方向に変わっていったのです。

また以前、ニート歴15年の人材の社会復帰支援をしたことがあります。彼は中学生のときに引きこもりとなり、そのまま30歳近くまで何もしない日々が続いていました。たまたま同年代で近所に住んでいた私に対して、彼の母親から「外に出して、人と話すことに慣れさせてほしい」という依頼が来たのです。そこで、まずは短時間での訪問を半年間繰り返してみました。好きなゲームや食べ物の話などから始めて、少しずつ打ち解けるようになったある日、彼から突然「俺、働こうと思ってる」と打ち明けられました。実は私との関わりを通して考えに変化が生まれ、自分で職業訓練校を探して通うことにしたのだそうです。その後、彼はＣＡＤオペレーターとして活躍し、現在はある会社でＩＴエンジニア部長として、多くの部下をまとめています。

就職弱者のなかには、過去に成功体験を得られなかったり、周囲とのコミュニケーションがうまくいかず苦労したりして、自信を失っているケースが多々あります。そういう場合は、「あなたが重ねてきた苦労は、この会社でこう活かせる」と伝えつつ、その人の存在自体を受け入れることが大切なのだと学びました。

採用担当者が、激励の気持ちを込めて「入社してくれるなら全面的に任せたい」「期待している」などと伝えても、就職弱者には逆効果になる恐れがあります。「頑張れ」「やればできる」とむやみに背中を押すのではなく、その人が実力を発揮できる場所に連れていくだけで十分です。あとは自分で歩き出してくれます。


これらのケースから分かるのは、出会いの機会を無駄にしてはいけないということです。とくに地方企業は応募者が少ないため、ペルソナにどれくらい合致しているかを判断の基本としつつも、合致していない点をマイナスとしてとらえるのではなく、応募者一人ひとりの良いところを探し、プラスの要素を探す姿勢で丁寧に話を聞いてみることが大事です。スキルが足りない、経験が足りないといったマイナスを見つけて、減点方式で選別するのは簡単です。しかし、それは採用強者に向いた方法です。採用弱者は加点方式でその人が持つプラスの要素を見つけ、それを自社の業務や成長に活かす方法を考えることが重要です。

1つでも良いところが見つかれば、その人が入社することによって企業がどう変わるかを想像してみることができます。相手を自分たちの基準に合わせるだけでなく、必要に応じて自分たちが相手に合わせ、マッチングしやすくすることも中小企業や地方企業には重要なことで、それがマッチングにつながることもあるのです。

求職者と強いつながりをつくる

求職者に向けたメッセージでは、「パーパス」を入れることも大事です。パーパスは「企業の存在意義」という意味で、採用活動では、自社の存在意義を社会に向けて伝えることを指します。

より具体的にいえば、パーパスとは「自分たちは何のために存在しているのか」「自分たちの事業にはどのような価値があるのか」を言葉で表したもので、経営や事業はパーパスと合致していなければならず、採用する人にも理解してもらう必要があります。

企業から社会に向けてメッセージを送ることで、企業の価値観や思想への共感を得て、求職者の関心を引くことが狙いです。スペースや金額の都合で、パーパスを求人広告で伝えることが難しければ、自社のウェブサイトで伝える方法もあります。

近年では、あらゆる意思決定や事業活動の方針をパーパスにひもづけるパーパス経営を実践する企業が増えています。またパーパスを軸として従業員、顧客、取引先、地域社会などとのつながりを深めたり、企業価値の向上に結びつけたりするパーパスブランディングに取り組む企業も増えています。

求職者に「素晴らしい企業だ」「ここで働きたい」と思ってもらうためにも、採用活動でパーパスを伝えることは重要です。パーパスを積極的に発信していけば、自社の価値観や考え方に共感する人材が応募してくる確率が上がります。パーパスに共感して入社した人材は自身の仕事に意義を覚え、「この企業の成長に貢献したい」と考えるため、定着率の向上にもつながるのです。給与や待遇で企業を選んだ場合、ほかにもっと条件の良い企業があれば、その人は転職を検討するかもしれません。しかしパーパスに共感した人材は、企業とのつながりが強くなるため、辞めにくくなるのです。

そのつながりをより強くするために、パーパスを策定したら（すでに策定した場合も含めて）、ミッション、バリュー、ビジョン（ＭＶＶ）も決めて発信すると、さらによいでしょう。

ミッションは、企業として果たす使命のことで、パーパスを実現するために何をするのかを示します。ビジョンは企業が目指す姿のことで、いつ、どこで、どのような企業に成長していくのかを示します。バリューは企業として大切にする価値観や行動基準のことです。ミッションを実行し、ビジョンに近づき、パーパスを実現するために、企業としてどのように行動するかを示します。

これらを明文化することにより、求職者はどのような企業なのかを理解し、考え方の面で企業とマッチする人の応募を増やすことができます。

パーパスがない場合は、自社のウェブサイトなどを使って経営理念を伝えてください。経営理念も企業の価値観を示すもので、ＭＶＶにひもづけることで企業について深く知ってもらうことができます。経営理念は、経営者や創業者の考えや信念を示すものです。パーパスが、社会の視点から見た自分たちの価値を表すのに対して、経営理念は自分たちの視点から自分たちが大切にしている考えを示している、という違いがあります。

パーパスと日々の仕事を関連づける

パーパス、経営理念、そして、それらにひもづくMVVは、求職者の「ここで働きたい」「一緒に目的の達成に取り組みたい」といったモチベーションのアップにつながります。また、「仕事を通じて社会に貢献しよう」「役に立とう」という意欲も高めます。

企業は、採用を通じて持続的な成長を実現したいと考えます。そのためには、採用する人に高い目的意識と強い意欲を持って入社してもらうのが理想です。

ただ、就職弱者の中にはそのような意欲を失っている人もいます。例えば、フリーターは「正社員にはなれないだろう」と思っているかもしれません。高齢者が「自分のスキルはもう古い」と思っていることもあります。

この状態では、スキルや価値観がペルソナと合致していても、積極的に仕事に取り組むことができません。消極的な姿勢がほかの従業員に悪影響を与えて、企業の成長にブレーキをかけるかもしれません。

それを変えるのがパーパスです。強い目的意識を持って一緒に仕事をしていく企業であること、新たに採用する人もパーパス実現に取り組む仲間であることを伝え、意識と姿勢の改革をもたらすことで、彼らが持つスキルを十分に発揮してもらえるようになるのです。

パーパスと採用の関係では、若い人ほど社会貢献の意欲が高く、パーパスが刺さりやすいといえます。高齢者も、生活費のためだけに働く人を除けば、自分の経験を誰かの役に立てたいと思っている人が多く、パーパスに共感しやすいといえます。

私たちの顧客へのヒアリングでも、採用力が強い企業には「お客さんに喜んでほしい」「困っている人を助けたい」と強く思っている人が多いという共通点があります。これは社風にも影響し、仕事をする目的意識とモチベーションが高い従業員が多いほど職場が活気づき、新たに採用した人に与える印象も良くなります。

一方で、パーパスが示している意味は理解しているものの、日々の仕事で具体的に何をすればよいかが分からないと感じている人もいます。未来を豊かにする、地域社会に貢献するといった表現は、端的で抽象的になることが多いため、従業員が自分の仕事との結びつきを見いだしにくく感じることもあるのです。

ここは翻訳しなければなりません。なぜ自分たちはこのパーパスを掲げているのか、パーパスにひもづくMVVはどういう意味か、そして、これらを踏まえて従業員それぞれにどのような活躍を期待し、スキルをどのように活用してほしいかを伝えます。パーパスが表現している内容の解像度を高めることで、目の前の仕事の価値が分かり、企業の成長、社会貢献、社会における自分たちの価値と結びつけて考えられるようになります。

伝えたいことを厳選する

就職弱者の採用において、5つ目のポイントはペルソナに刺さりやすい手段を選ぶことです。せっかくペルソナを設定し、伝えたいメッセージをまとめたとしても、その層へのアプローチが弱い手段では採用につながりません。

求人広告を例にとると、メディアは複数あり、それぞれで見ている層が異なります。過去に求人サイトで募集し、その結果が良くなかったとしたら、メディアの選定を見直してみるとよいでしょう。ペルソナに合致する人が最も多く存在しているメディアはどれか検討し、費用対効果の高いメディアを選定するようにしましょう。

求人サイトの広告は情報量やサイズなどによって価格が変わります。大きなサイズの広告は目立ちやすくペルソナの目にもとまりやすくなりますが、その分、価格も高くなり、１００万円以上かかる場合もあります。

一方、画像がなく、文字だけで情報を伝える最も小さい広告は価格が安くなります。ただ、目立たないため見る人の数（ＰＶ）も低くなります。

予算がある場合は大きい広告が出せますが、採用コストが高くなることに注意が必要です。また、小さな枠でも、例えば、漫画やイラストを使って目立たせたり、異なるキャッチフレーズを使って複数の広告を出したりすることもできます。

企業のウェブサイトも併用して求人情報を掲載する場合は、求人サイトで全ての情報を伝える必要はなく、細かな情報などは企業のウェブサイトにまとめることもできます。ペルソナに伝えたいことを全て求人サイトに載せるよりも、目を引くキャッチコピーや画像などで求職者の関心を引き、自社ウェブサイトで丁寧に説明するような構成にするのも良い方法です。

求職者にアピールする魅力は何か

中小企業や地方企業は待遇などの条件面で大企業と勝負するのが難しいため、それ以外の要素として、企業、仕事、従業員などの魅力を伝える必要があります。求人広告のキャッチコピーや原稿に含めることで、その内容を見た求職者がどのような会社かイメージできる、少なくとも、どのような会社なのか気になり、もっと知りたいと思う内容にすることが重要です。

企業の魅力は、まずは事業の視点で企業の強みを整理することができます。自分たちは業界内でどのような位置にいるのか、どのような競争優位性を持っているかといった観点で、勤め先としての安定性や成長性を伝えられるのが理想です。

また、自分たちの仕事の価値を深掘りして、これからの社会に不可欠な仕事であること、専門性が高いこと、多くの人に喜ばれていることなどを伝えることもできます。一般消費者には知られていない企業が、実はニッチな分野ではトップシェアを持ち、収益性が安定しているかもしれません。小さな企業が持つ特殊な技術が、社会インフラのなかでは非常に重要な役割を果たしていたり、人類の発展に貢献する主要な技術であったりする場合もあります。そのような視点で、自分たちしか持っていない魅力を洗い出すことが重要です。

強みを整理する過程では、現状の経営課題も整理できます。例えば、中長期の成長を見据えたときに、現時点で足りていないスキルや、業務改善の必要性などが見えてきます。すると、それらの課題を解決できる人を採用しなければならないと分かり、ペルソナがより具体的になります。

次に、社風と人の魅力を整理します。社風は、例えば、既存の従業員の働き方を紹介することにより、成長を目指して切磋琢磨していることや、働きやすい職場であることなどを伝えることができます。

企業の考え方や価値観を伝えるために、企業理念を紹介するのも良い方法です。地方企業や、市外や県外での求人を想定している場合は、地域のなかでどのような存在か、この地域にはどのような魅力があり、どのような働き方ができるかを整理するとよいでしょう。

これは経営層や採用担当者だけが考えるのではなく、従業員にヒアリングして整理することも重要です。また、自分たちの魅力は内部にいると見えにくくなることもあるため、取引先や顧客の意見を聞き、そこから魅力をひもといていくこともできます。

最後に、求職者に期待する素養やスキルなどを整理します。事業を発展させていくためにどのような役割を期待しているか、そのために必要なスキルは何か、そのスキルを身につけることでどのような成長をしてほしいかを中長期で考えることで、ペルソナがより具体的になるとともに、ペルソナに合致する人に刺さるアピール内容にまとめることができます。

例えば、業界ナンバーワンを目指す企業と、競争より協調重視で和気藹々《あいあい》と働ける企業を目指す企業は、どちらが良いかということではなく、求めるペルソナが異なります。「事業拡大に向けて一緒に成長できる人」を条件にすれば、仕事を通じて成長したいと思っている人に刺さります。同時に、成長意欲が小さい人には刺さりづらくなり、その点でのミスマッチが起きにくくなります。

企業として存在しているということは、その背景に必ず価値や魅力があります。重要なのは、それを自覚し、求職者に向けて求人広告でアウトプットすることです。言い換えると、自分たちの魅力を把握できていないから、求人広告の内容が給料などの条件だけになってしまいます。

ペルソナに合ったアプローチを選択

求職者へのアプローチは複数の手段があります。採用活動をしている企業の調査では、転職者向けの求人メディアで最も多く利用しているのはハローワークなどの公的機関です。以下、民間のメディア（求人サイト、紙媒体）、知人や友人といった縁故からの紹介、自社のウェブサイト、民間の職業紹介機関、スカウト、親会社やグループ会社からの異動、企業の合同説明会と続きます。一方、転職する人が利用しているのは、メディア（求人サイト、紙媒体）、ハローワークなど公的機関、知人や友人といった縁故からの紹介、企業のホームページ、民間の職業紹介機関の順です。

このデータから分かることは、ハローワークや求人広告メディアがやはり定番であ

転職者の採用方法（転職者がいる事業所の転職者の募集方法）

	割合（%）	増減（%）
ハローワーク等の公的機関	57.3	−8.4
求人サイト・求人情報専門誌、新聞、チラシ等	43.2	4.7
縁故（知人、友人等）	27.6	−3.2
自社のウェブサイト	26.6	8.0
民間の職業紹介機関	24.8	7.5
スカウト	7.2	1.3
親会社、グループ会社	7.0	1.3
会社説明会（合同説明会を含む）	4.6	−0.6
その他	4.8	−2.3
不明	2.0	−0.5

複数回答。増減は前回調査（平成27年）からの割合。

出典：厚生労働省「令和２年転職者実態調査の概況」

転職活動の方法（転職者が現在の勤め先に就職するためにどのような方法で転職活動を行ったか）

	割合（%）	増減（%）
求人サイト・求人情報専門誌、新聞、チラシ等	39.4	15.2
ハローワーク等の公的機関	34.3	−7.0
縁故（知人、友人等）	26.8	−0.9
企業のホームページ	15.1	1.2
民間の職業紹介機関	14.8	−4.2
出向・前の会社の斡旋	7.0	0.8
企業訪問	2.5	0.4
その他	8.5	−2.6
不明	0.6	−0.8

複数回答。増減は前回調査（平成27年）からの割合。

出典：厚生労働省「令和２年転職者実態調査の概況」

るということです。魚がいる場所で釣りをするという観点では、この2大メディアは外せません。ただ、釣り人も多く給料などの待遇で勝負するだけでは大企業などに負ける可能性があり、ほかのメディアも併用する、待遇以外のアピール要素を打ち出すといった工夫が求められます。ここでは、採用手段となる11種の方法と、その特徴を見てみます。

①求人誌、求人サイト

複数ある採用手段のなかで、まず思いつくのが紙やインターネットの求人メディアでしょう。求人メディアにはいくつかの種類があり、紙のメディアは求人誌、新聞、フリーペーパーなど、ネットメディアは求人サイト（検索サイト）などがあります。また、メディアごとの専門性もあります。IT系や飲食店系といった分野で求人広告をまとめている業界特化型、女性やシニア向けの情報を中心とする属性特化型、パートやアルバイト情報を中心とする雇用形態特化型があります。

大手の求人サイトにもそれぞれの特徴や登録者の属性に差があります。例えば、求人サイトの老舗であるリクナビNEXTは登録者数が多い、ほかのサイトよりも年齢層が高い、安定志向の登録者が多いといった傾向があり、マイナビやエン・ジャパンは登録者の年齢層が若い、ベンチャー企業への就職や転職に興味を持つ人が多く見ているといった傾向があります。求人サイトの選定では、ペルソナと合致する人が多く見ているサイトを選択することが重要です。また最近はインディードプラスなど、初期掲載無料、クリック課金型の求人媒体も増えています。

これらのメディアは地域別に整理して求人情報を掲載することが多く、企業の拠点の近くに住む求職者を狙いやすいのが特徴です。また、求職者は基本的に無料で求人情報を見られるため、属性や雇用形態を問わず幅広い層に向けて求人情報を発信することができます。

中小企業や地方企業は、これらのメディアで何を伝えるかが重要です。給料など基本的な条件だけを提示しても求職者は関心を持たないでしょう。むしろ条件が良い大企業と比べられることによって求職者の関心が低下する可能性もあります。そのことを念頭において、企業、仕事、業界の魅力を伝えたり、どのように働き、どのようなキャリアプランを実現できるのかを主なメッセージに据えて、原稿を作ったりすることが重要です。

②ハローワーク

ハローワークも定番のアプローチ手段です。求人メディアとの違いは、まず無料で求人情報を出せることです。採用コストを抑えることによって経費をほかのアプローチ手段に使えるようになるため、ハローワーク以外にどのようなアプローチ手段を使い、組み合わせるかを考えながら採用戦略を組み立てるとよいでしょう。

また、ハローワークなど職業紹介を通じて採用する場合には、トライアル雇用や特定求職者支援制度などを使うことができます。トライアル雇用は、経験不足の人が3カ月間お試し的に働き、正式な雇用へと移行するもの、特定求職者支援制度は、雇用保険の失業等給付を受給できない人が職業訓練を受講するものです。これらを活用することによって求職者のスキルや適性を確認することができ、企業や業務内容とのミスマッチを防ぎやすくなります。

費用に関しては、ハローワークを利用することによって受給できる助成金や給付金があったり、そのための手続きをハローワークで申請することとなっていたりするケースもあります。例えば、ハローワーク経由で高齢者、シングルマザー、障がい者、就職氷河期世代などを雇用した場合には、特定求職者雇用開発助成金が受給できることがあります。地方の場合は、雇用機会が少ない指定地域で人を採用した場合に地域雇用開発助成金が受給できます。このような制度も採用コストの軽減につながるためハローワークを利用するメリットといえます。

求人メディアなどほかのアプローチ手段との違いとしては、ハローワークでの求人広告は既定のフォーマットで公開されることです。そのため、民間の求人メディアと比べて自由度が低く、ほかの企業の求人情報と差別化しづらくなります。ペルソナの関心を高める方法としては、ハローワークとは別のアプローチ手段も活用しながら求職者に刺さる情報を発信することが重要です。

③自社ウェブサイト

企業のウェブサイトは、求職者に伝えたいメッセージを最も多く、最も自由に発信できるメディアです。求職者の多くは応募前にウェブサイトで企業の概要などを確認します。面接前などには経営者のメッセージや企業理念などを確認することもあります。そのような動線を意識して、ウェブサイトにはペルソナが知りたいと思う情報を伝わりやすい形で掲載しておくことが重要です。

最近はウェブサイト内に採用に特化したページを作り、募集の状況や要項を伝えたり、メールなどによって応募や問い合わせができたりする仕様にしている企業もあります。採用ページにて先輩従業員の声などを載せることによって、働き方をイメージしやすくなり、どのようなキャリア形成ができるかも伝えられます。これらは自社で企画や運営を行うオウンドメディアと呼ばれます。

自社のウェブサイトや採用ページは、通年で採用情報を提示できるのがメリットです。これらサイトへの動線は、求職者が検索サイトなどで探して入ってきますが、実際のところ、認知度が低い企業が求職者を呼び込むのは難しいといえます。求人サイトやハローワークなどと比べても求職者の閲覧数は減るでしょう。

しかし、それら外部メディアがきっかけとなってウェブサイトを見てもらう機会ができれば、企業の理念、成長戦略、直近の事業内容などを伝えることができます。ウェブサイトは、求職者にとっての最初の入り口としてではなく、求職者に向けてより深い情報を伝えるためのメディアとして機能します。

自社のウェブサイトは基本的には無料で運用できるため、求人サイトなどと比べると採用コストを抑えることができます。ただ、ウェブサイト経由でも応募を増やしたい場合は、企業の認知度を高めるためのブランディングの施策などと組み合わせて、より多くの人に見てもらうための工夫が必要です。コストはかかりますが、外部の業者にSEO（検索エンジン最適化）対策を依頼することもアクセス数を増やす有効な方法の一つです。

自社のウェブサイトは、求人情報はもちろん、強みやパーパスなどを自由に伝えられるメディアです。ただし、企業の認知度が低い状態ではアクセスする求職者が増えません。そのため、ウェブサイトに誘導するための動線を設計することが重要です。

ウェブサイトに載せるコンテンツでは、求職者の多くが興味を持つのが、実際に働いている人の情報です。例えば、従業員のインタビュー記事として、どんな人が、どのように働いているかが見えると、求職者はその姿と自分を重ね合わせながら、入社後の様子をリアルにイメージすることができます。

インタビューは、転職で入社した人の動機、やりがい、今後の目標などをテーマに構成するとよいでしょう。インタビュー記事の中では、企業の長所や、今後の成長の計画なども紹介できます。

インタビュー対象は求職者が自分ごととしてとらえやすくするためにペルソナに近

い人を選ぶのが効果的です。そのような記事を作ってきた私たちの感覚知として、高学歴でキラキラと働いている人よりも、異業種から転職してきたり、非正規雇用から正社員になったりした人にフォーカスするほうが就職弱者には響きやすく、応募にもつながりやすくなります。

④オンライン面接

オンライン活用では、コロナ禍以降のテレワークの普及によって採用活動までオンラインで行うケースも増えています。調査によると、コロナ禍となった2020年の時点ですでに7割以上の企業が採用のオンライン化に対応、または対応を検討中と答えました。また、対応済みの企業の6割以上がメリットを実感しています（ビズリーチ「採用活動のオンライン化に関するアンケート」）。

オンライン面接のメリットは、コストと時間と手間の面で採用活動の効率化につながることと、遠方からの応募者との接点をつくることによって応募者の母数を増やせることです。つまり中小企業にとっての課題である採用コストと応募者獲得の両面で効果が期待できます。

オンライン化は、面接をオンラインで行うだけでなく、例えば、会社の説明会を自社のウェブサイトや採用サイトで動画配信することができます。応募（エントリー）も自社のウェブサイトやＳＮＳから求人広告にリンクさせる動線で確保できます。

これだけ多くの企業がオンライン化を進めている現状では、その流れに乗り遅れることで応募者を他社に奪われます。オンライン面接は、社風や職場の雰囲気を伝えるのが難しい、応募者の特性を把握しづらいといった課題はありますが、その場合にはオンラインとオフラインを組み合わせるなどして対応できます。

また、中小企業はそもそも採用活動に関わる人が少ないため、いかに手間を軽減するかが重要です。その点でもオンライン化は有効な手段であり、人が少ない中小企業こそオンライン化を検討し、導入する意義が大きいといえます。

⑤ＳＮＳ

デジタルメディアを通じた情報発信では、最近は企業アカウントでＬＩＮＥ、Ｘ（旧Twitter）、Instagram、Facebook、TikTokなどのＳＮＳを利用するソーシャルリクルーティングも増えています。これもウェブサイトと同様に、基本的に無料で活用でき、求職者に向けて自由にメッセージを発信することができます。

ウェブサイトと違うのは、情報発信の頻度を高くする必要があることです。ウェブサイトで伝える情報は、事業内容や成長戦略に変化があるなど、特別に伝えたい情報がない限り更新しなくても問題ありません。ウェブサイトに掲載する情報は、企業の概要、経営者からのメッセージ、企業理念などが中心で、これらはいずれも短期で変わるものでもないため、更新の手間もかかりません。

一方のSNSは情報の鮮度が重要です。読み手である求職者も最新の情報を知りたいと思うため、事業の進捗状況などをマメに発信する必要があります。また、リプライやダイレクトメッセージを通じてSNSを見た人と身近にコミュニケーションができる点も特徴ですので、問い合わせなどにも細かく答える必要があります。

このような特性を踏まえて、SNS活用では、単にアカウントをつくるだけでなく、大小さまざまなネタを細かく発信したり、間を空けずに返信したりする体制を作る必要があります。SNS運営に力を入れている企業も、情報発信を専任で行う「中の人」を担当にしてきめ細かい運用を行っています。

SNS運用では発信する情報の中身が重要です。どのようなネタを発信できるかは企業によって変わりますが、企業をより身近に感じてもらうという点では、日々の仕事の様子などを発信することで、社風や職場の様子が伝わりやすくなります。企業について深く知ってもらうことでミスマッチを防ぎ、より適切な人材を確保できるようになります。

専門性が高い業種であれば日々の業務の内容を伝えることで、その分野に興味がある求職者が興味を持つかもしれません。転職を考えているエンジニアなどは、興味がある分野で有名な技術者のSNSをフォローしているケースが多く、企業のポストなどを読み、参考にしていることもあります。私が過去に広告制作を手伝った企業でも、転職の意向があるエンジニアからSNS経由で連絡があり、新たなプロジェクトに参加したいと自分からアプローチしてきたケースがありました。

SNS別の国内ユーザー数はLINEが最も多く約9500万人、Xが4500万人、Instagramが3300万人、Facebookが2600万人、TikTokが1700万人です(ガイアックス調べ・2024年7月時点)。それぞれのメディアによってユーザーの男女比や年齢層が異なるため、どのメディアを使うかはペルソナに合わせることが重要です。

また、SNSユーザーの数は非常に多いのですが、企業アカウントのSNSは、とくに認知度が低い中小企業や地方企業、求職者との接点が少ないBtoBの企業は閲覧数が少なくなります。そのため、発信する情報の中身を魅力あるものにするとともに、フォロワーを増やすためのSNSマーケティングも併せて考えていく必要があります。SNSの情報に興味を持ってもらえれば、求職活動中ではない人との接点をつくることができます。そのなかから、数年後に転職を考える人が現れるかもしれません。そのような潜在的な求職者に向けた種まきの役割として、中長期で閲覧者を増やしていくことが重要です。

言い換えると、SNSは応募者獲得の直接的、即効性のある手段というよりも、少し長い視点で企業の知名度向上やイメージアップを図り、求職者に安心感を与える効果が期待できるということです。事業や制度がどれだけ優れていても、その内容や企業そのものの存在を知られていなければ応募者は来ません。そのことを念頭において、SNSでは企業の魅力を伝えることに重点をおいてネタを考えるのがよいでしょう。魅力が伝わり、企業や事業の理解度が高まるほど採用のミスマッチも起きにくくなります。

ただし、全てのＳＮＳを手掛けるのは手間がかかります。ＳＮＳは頻繁に更新することが重要であるため、メディアが増えると運用が大変になり、採用担当者の大変さが増すほど一つひとつのコンテンツが粗くなり、つまらなくなります。担当者が楽しみつつかつ効率的に情報発信に取り組めるよう、ペルソナが利用するツールに絞ることが重要です。

⑥動画

動画も有効なアプローチ手段です。とくに最近はスマートフォンが普及しているため、手元であらゆる動画を見ることができます。労働市場においても動画による情報発信に力を入れている企業はまだ少なく、その点で他社との差別化を図ることもできます。

動画で発信する内容は、企業や事業の紹介、企業のイメージを伝えるコンセプト、オフィスや働き方の紹介、社員のインタビュー、応募方法や研修内容など事務的な内容の伝達に分けることができます。中小企業や地方企業は、まず自分たちの会社や事業内容について知ってもらい、関心を持ってもらう必要があるため、企業の魅力を分かりやすく伝える動画を作ることが命題です。

採用メディアや自社ウェブサイトなどがテキスト中心の情報発信であるのに対して、動画は映像と音声によって訴求力を高められます。その点でも、抽象的で伝わりにくい企業のイメージや、文字量が多くなる社員のインタビューなどは動画向きといえます。例えば、従業員が語り手となって仕事の面白さや日々の働き方について紹介することで、親近感が湧きやすくなり、「どういう会社だろう」「聞いたことがない会社だけど大丈夫だろうか」といった不安を払拭することができます。

求職者側も、テキスト情報を読むよりも動画を見るほうが短時間で効率的に企業について知ることができます。ある研究によると、1分間の動画で伝えられる情報量は、テキスト換算で180万語（英単語）、一般的なウェブサイトの約3600ページ分になるといわれます（フォレスター・リサーチ調べ）。情報量が増えるほど企業についての理解も深まりやすくなり、採用のミスマッチが起きにくくなります。

また、最近は「タイパ」という言葉が定着するくらい若い人たちを中心として時間効率が重視されます。その点でも動画は求職者のニーズを満たす手段であり、今後ますます増えていくと予測できます。

ただ、あまりに長すぎる動画は逆効果になる恐れがあります。長い動画を最後まで見るのは閲覧者にとってストレスになり、長くなるほど見てもらえなくなります。企業側は1から10まで伝えたいという思いから長編動画を作りがちですが、それよりもYouTubeのショートのような短い動画のほうが、ページビュー数が増える傾向があります。

動画の発信メディアは、自社のウェブサイト内に動画を組み込むケースと、YouTubeなど外部メディアを使うケースがあります。ＳＮＳと連動させて、X、Instagram、TikTokで動画を発信することもできます。

ちなみにYouTubeのアクティブユーザーは７０００万人で、20代から40代まで幅広い層にアプローチすることができます(ガイアックス調べ)。ただ、ＳＮＳと同様に、求人メディアと比べると、採用に関する詳細な情報を見るためというよりは、企業について知る目的で見る人が多いため、企業のブランディングの視点で従業員の人となりや企業の魅力を伝える内容を考えるとよいでしょう。

自社で作るデジタルコンテンツでは、YouTubeなどの動画も良いフックになります。これもウェブサイトと同様に求職者に見てもらうための動線設計が重要ですが、文字のみの情報よりもメッセージが伝わりやすくなります。

見てもらえる動画に仕上げるには、ペルソナが最も関心を持つテーマに話を絞り、要点をコンパクトに伝える構成を考えることが重要です。多くの情報を動画で伝えたいのであれば、それらを1本にまとめるのではなく複数に分けるほうがよいでしょう。またウェブサイトから動画、動画からウェブサイトへのリンクを張るなど、デジタルコンテンツを連動させることも重要です。

⑦高校、専門学校、大学

若い人をペルソナに設定する場合は、近隣の高校、専門学校、大学などとの連携も有効なアプローチ手段です。とくに地方の場合は学校を卒業した地域で就職先を探す人も一定数いるため、学校を通じて企業の存在を知ってもらうことで新卒の人たちとの接点をつくることができます。技術職や研究職など専門的な知識を持つ人を採用したい場合も、その分野の学部などを経由して求人情報を発信することで採用のマッチングを高めることができます。

アプローチ方法としては、学校内の掲示板や生徒や学生が利用しているシステムに求人情報を掲示してもらうことができます。また、企業説明会などを開く機会を得て、直接アピールすることもできます。

企業のアピールでは、給料などの条件も重要ですが、結婚していたり子育てしていたりする層の人たちと比べると、若い人たちは経済的なメリットよりも仕事のやりがいやキャリアパスを重視する傾向があります。そのため、求人情報や説明会で伝える内容も、どのようなスキルが身につき、どのような成長ができるかをイメージできるようにすることが重要です。より具体的に業務内容を知ってもらうために、ウェブサイトに掲載する先輩の声などと連動させたり、その内容をパンフレットにまとめて配布したりする方法もあります。

⑧転職イベント、合同説明会

近隣に求職者が少ない場合や、市外や県外から転職者を呼び込みたい場合などは、求人サイトやイベント会社が主催する転職イベントや企業の合同説明会などに参加することができます。これも地方の企業に有効なアプローチ手段です。商工会議所や社団法人が主催するイベントもあります。

これらイベントの特徴は、勤務地、業界、職種、企業規模といったテーマに分かれていることが多く、ペルソナに合う人との接点をつくりやすいことです。例えば、県内の企業が出展するイベントには県内で働きたい人が集まります。技術系企業のイベントは技術系の仕事に興味がある人が集まります。このようなテーマでイベントを選ぶことによって採用のマッチングを高めることができます。

また、コロナ禍が落ち着いた今は、ほとんどのイベントが対面式で行われます。出展する企業は求職者と直接接点を持つことができ、魅力や長所などを伝えることができます。これはほかのメディアにはない特徴です。

BtoB主体の企業やニッチな事業をしている企業などは、その存在を周知する機会が少なく、そのせいで求職者の選択肢から外れてしまいます。イベントへの出展は企業を認知してもらう機会になります。

イベントへの出展は有料で、求人広告を出す場合などよりも高額になります。ブースを作ったり、来場者に配る資料を準備したりするための手間もかかります。

これは採用コストの面ではデメリットです。ただ、イベントの告知などは任せられるため、自社で求職者を呼び込むよりも幅広い層にアプローチできます。また、イベントに来る人は就職先や転職先を探している人で、その熱意もあるため、企業や仕事の魅力などを伝えることができれば、採用に至る可能性も高くなります。

⑨I・U・Jターンイベント

リアルのイベントでは、地方での就職を希望する人を対象とするI・U・Jターンのイベントが地方の企業にとって有効な手段です。私たちの顧客でも、企業単体で求人サイトに出稿しても成果が出なかったため、地域の企業との合同イベントに変更した例があります。

地方は採用で悩む企業が多いため、人手不足の課題を共有しながら協業して求職者の目にとまりやすい施策を行っていくことができます。地方企業は、自治体が人の誘致に力を入れていることも多いため、行政と連動で採用イベントを行ったり、行政主催のイベントに参加したりすることもできます。地方企業の衰退は地方自治体の衰退につながるため、企業が出すアイデアに行政が協力してくれる可能性も十分に期待できます。

採用イベントや合同説明会は多くの企業が参加するため、そのなかで埋もれないように来場者にインパクトを残す工夫が必要です。私たちが過去に行った取り組みの一つに、地方のスーパーマーケットがイベントにブースを出した際のチラシ配布があります。チラシは、よくあるA4用紙1枚の簡素なものではなく、スポーツ新聞風の見せ方にしたり、スーパーマーケットの雑学や裏話を入れたりして、来場者に読んでもらいやすいようにしました。例えば、スーパーマーケットの陳列にどのような工夫があるか、動線はどのように設計しているか、仕入れの仕組みはどうなっているかといったことをネタにして、来場者の印象と記憶に残りやすいようにしました。

イベントには何十社もの企業が出展するため、興味を引けないチラシは読まれることなくゴミ箱に捨てられます。それを避けるために、イベントなどでは配布物の工夫も必要です。

ちなみに、スーパーマーケットの陳列や動線の工夫といった裏側を見せることは、ビジネスモデルの理解につながります。チラシで店の情報を伝えることが研修の一部となり、入社する人はその時点で事業モデルなどを理解している状態になるため、店舗配属後にスムーズに対応ができるようになるのが特徴です。

⑩ダイレクトリクルーティング

ダイレクトリクルーティングは、求職者からの応募を待つのではなく、企業側から能動的に求職者にアプローチし、採用活動を行う方法のことです。これは自社での採用活動を、人手が足りなかったり外部企業を使ってより広範囲の人にアプローチしたりするときに有効な方法です。

具体的な方法としては、ダイレクトリクルーティングを行うサービスを利用して、ペルソナに合致する候補者をスカウトしてもらいます。分かりやすくいえばヘッドハンティングです。ペルソナで設定したスキルや経験などを起点としてアプローチするため、求人メディアなどを使う場合と比べて採用のミスマッチを抑えることができます。

スカウト対象になるのは、ダイレクトリクルーティングのサービスに登録している人と、ダイレクトリクルーティングの会社が独自に見つけ、アプローチする人です。求人メディアで広告を出しても、彼らの目にとまるとは限りません。しかし、ダイレクトリクルーティングは条件に合う人にメールなどで連絡するため、彼らとの接点をつくりだすことができます。

ただし、彼らの多くは転職ニーズがありつつも、現状としては別の会社で働いている人が多いため、すぐに採用につながるとは限りません。その点では、求人サイトを見る人のほうが就職や転職のニーズが大きく、短期間での採用につながりやすいといえます。

また、転職は働き手にとって大きな変化であり、別の会社で働いている人が転職を決意する際には、それだけの理由が必要です。例えば、今の会社よりも条件が良い、キャリアアップが望める、仕事の魅力を感じるといった理由が必要で、スカウトする際もそれらを十分にアピールする必要があります。

注意点は、ほかのアプローチ手段と比べて採用コストが高くなることです。ダイレクトリクルーティングで発生するコストは成功報酬型が一般的で、採用した人に払う年収の40%から60%くらいの費用がかかります。

高度なスキルや十分な経験を持つ人は求人メディアなどでの採用が難しいため、ダイレクトリクルーティングを利用する価値は大きいといえます。そのような人材の活躍によって企業の成長が見込める場合には、それだけのコストを支払ってでも採用する意味があります。その判断をするために、採用戦略のみならず企業の成長戦略もあらかじめ明らかにしておく必要があります。

⑪従業員や取引先の紹介

数あるアプローチ手段のなかで、最も地道で、最も信頼性が高いのがリファラル採用です。これは既存の従業員、取引先、顧客など信頼できる人の紹介で採用する方法です。

従業員の紹介を例にとると、採用対象となる人は自社の業務内容や社風などについて事前に知っていることが多く、採用のミスマッチが起きにくくなります。また、外部のアプローチ手段を使わないため採用コストの負担も小さくなります。

リファラル採用を増やすためには、まず紹介者となる人が自社で働くことに魅力を感じていなければなりません。知人や友人に薦めたいと思う要素がなければ紹介にはつながらず、紹介者は紹介した責任を気にするため、求職者が満足してくれるはずと自信を持てるくらいの魅力を実感していることが重要です。そのためには給料、職場環境、休暇のとりやすさといった制度の面で従業員満足度を高めていく努力が求められます。

また、企業が求人活動をしていることを紹介者となる人が知っている必要もあります。この情報は組織内で共有し、どのような人を求めているか（ペルソナ）、採用する人にどのような活躍を期待しているかといったことを従業員が理解していることが重要です。

紹介は信用できますが、無条件に採用するとミスマッチが発生し、新たに入った人も紹介者も気まずくなります。企業としても、紹介で入社した人には辞めてほしいと伝えづらいため、採用の審査、つまりペルソナと合致しているかどうかの判断は、ほかのアプローチ手段と同様に厳格に行う必要があります。

リファラルと同じように身内のネットワークを活かす方法として、企業のOBとOGの再雇用を検討することもできます。第1章で紹介したアルムナイ採用と呼ばれる手段です。

アルムナイは業務内容や社風を知っているため、新たに採用する人と比べると、研修や教育にかかるコストを大幅に削減できます。また、即戦力になり、採用のミスマッチも起きにくくなります。

第5章

2040年、1100万人の労働力不足に陥る日本

就職弱者を採用・育成し、人材難の時代を勝ち抜く

就職弱者の育成方法

採用に成功して「これでもう大丈夫」と安心してしまう中小企業がありますが、採用はあくまでスタートで、ゴールではありません。採用した人をどのように育て、活躍を促し、成果に結びつけていくかを考えることが重要で、そのための準備と計画も必要です。

育成と聞いて、与えた課題をクリアさせる作業を繰り返し、徐々に与える課題の難易度を上げて、成長を促す方法を思い浮かべる人も多いでしょう。しかし就職弱者の場合、課題を与える前に、まず会社の一員として自分がどんなふうに組織の役に立っているのかを実感してもらうステップが必要です。自分も組織の一員であると認識することで当事者意識が生まれ、自分が担当する業務に責任感を抱くようになるためです。

組織の一員としての自覚が生まれたら、次は業務の内容を理解してもらいます。就職弱者は未経験の仕事に就くケースも多いため、担当してもらう業務についてできるだけ早く覚えてもらうことが重要です。そのために育成は入社前からはじめ、内定を出してから入社するまでの時間を利用して業務研修を行うとよいでしょう。入社前は社員ではないため給料は発生しません。しかし、研修も労働とみなし研修時間で時給換算するなどして賃金を支払うのが一般的です。賃金が発生することで内定者も仕事の意識が高まり、真面目に学ぼうというモチベーションが高まりやすくなります。

研修は職場にて行うオフライン（リアルな対面）の研修もできますが、最近はオンラインで行うケースが増えています。例えば、業務の流れなどをスライドにして説明したり、動画にまとめて自由に見られるようにしたりするケースです。動画研修は講師が不要であるため企業側の負担を小さくできます。また、内定者も都合が良い時間に見ることができる点がメリットです。

研修内容は職種によってさまざまです。採用する人が経験者か未経験者かどうかによっても異なります。より実務的な内容を学んでもらうのであれば、例えば、技術職やエンジニア向けの研修として、現場で実際に役立つ技術などを教えている企業があります。事業の背景や全体像をつかんでもらうために、業界の概要や業務の流れなどを教える企業もあります。

研修内容としては、企業の歴史や社風などについて教えることもできますが、企業については入社後に知ることができるため、それよりは業務に直結する内容のほうがよいでしょう。現場で必要な知識を習得することで未経験の人でも安心して働き始めることができ、企業としてもすぐに戦力として活躍してもらうことができます。

未経験者の育成の注意点

未経験者は初めて担当する業務に不安があり、とくにこれまで正社員として働いた経験がない人は責任を持って仕事を担当することにより大きな不安を感じます。そのため、任せたい仕事が１００あるとしたら、いきなり全てを任せるのではなく、まずは30、次に50といったように、段階を踏んで教えていくのがよいといえます。私たちの顧客も、このようなプロセスでフリーターの正社員化に成功している例があります。また、そのプロセスをノウハウとして体系化し、元フリーターの人材を活躍させることによって事業を成長させている企業も多くあります。

未経験者をいきなり正社員として採用することが難しければ、半年の有期契約で更新していく方法をとることもできます。この場合も、一定期間後に正社員登用の制度があることを伝えるとこの層の関心度合いが高くなります。

有期雇用は採用する企業側にとっての保険にもなります。フリーターに限らずですが、いくらペルソナを細かく設定しても、その条件に合致しているかどうかを見抜くのは難しいものです。書類や面接で分かる情報は限定的ですので、採用してから社風に合わなかったり、期待していたスキルが足りなかったりすることもあります。

この場合、日本企業は基本的に正社員の解雇が難しいため、働きぶりを数カ月間見て、将来性や成長に期待できる場合には契約更新や正社員登用を考え、期待できないようであれば契約満了時で終わりにすることができます。

採用のミスマッチが起きると、企業のみならず従業員も自分が望む仕事ができずにストレスがたまります。不満が不平になり、ほかの従業員の士気を下げるなどの悪影響を与えることもあります。そのリスクを抑えるために契約を終わらせる手段を持っておくことも経営を安定させるための一つの手です。

職場になじむためのプログラムを用意

入社後の研修として、業務だけではなく職場や社風にも慣れてもらう必要があります。そこで重要なのがオンボーディングです。

オンボーディングとは、採用した人が組織になじみ、社風、業務、ほかの従業員に合流しやすくするためのものです。誰でも入社当初は緊張します。業務内容が分からず、戸惑うこともあります。この時期をオンボーディングによってフォローすることで入社した人は早期に活躍できるようになります。また、不安を感じる時期が長引くほど離職につながる可能性もふくらみますが、社風や職場になじむことでそのリスクを抑えることができます。

内容は、企業理念や社風などについて説明し、企業の価値観の理解を促進します。具体的な施策としては、職場見学、企業理念や組織体制を学ぶための研修、企業に関する情報（社内報など）による理解促進、業界の知識や技術を学ぶための講義などを設定できます。従業員の人となりを知るための交流会を開くのも効果的です。

これらをまとめて一つのプログラムとしたうえで、何を、いつまでに理解し、習得してほしいかを目標設定します。企業としてはできるだけ早くなじんでもらうのがよいため、オンボーディングは1カ月ほどに収めて、具体的な業務については現場で学ぶＯＪＴ（On the Job Training）で学ぶようにするのがよいでしょう。

また、オンボーディングは基本的には考え方や価値観などについて学ぶ座学（Ｏｆｆ ＪＴ）が中心で、実務が伴わないため仕事をしている実感が得られません。これも仕事がつまらなく感じる要因で、離職につながるため、その点でも、オンボーディングで業務内容を説明し、自分がどのような業務を通じて、企業、顧客、社会に貢献していくのかを理解したら、なるべく早くＯＪＴなどによる実務研修に移行するのがよいと思います。

準備の面では、採用活動を始める前に、企業の概要や業務内容を理解しやすくするためのマニュアルを用意したり、先輩のアドバイスを受けながら学ぶメンターシップや、上長とともに個人の目標設定や課題の振り返りなどを行う1on1ミーティングなどを導入したりすることが重要です。このような仕組みをあらかじめつくっておくことで、求職者にはオンボーディングやＯＪＴの仕組みが整っていることを伝えることができ、それが安心感を与えるとともに、求職者が入社後に自分が活躍し、成長していくイメージを持ちやすくなります。

成長していくイメージを明確にする

オンボーディングなどのプログラムのほかに、従業員が仕事を通じて成長していく道筋もあらかじめ設定しておくとよいでしょう。例えば、日々の業務を通じてどのようなスキルが身につくのか、長く勤めることでどのようなキャリアパスが実現できるのか、どのような挑戦ができ、どのようなやりがいを実感できるかを具体的にして、それをエンプロイージャーニーにまとめます。

エンプロイージャーニーは、従業員（エンプロイー）が入社から退職までの間に経験し、成長していく道のり（ジャーニー）を意味する言葉です。求職者は基本的には長く勤められる企業を探します。また、長く働き続けるためには十分な経済的な報酬を得ることが大事ですが、多くの人は仕事を通じて価値ある経験（エンプロイーエクスペリエンス）を積み、自分を成長させていくことをも望んでいます。

その様子をイメージしやすくするために、スキルや経験を獲得していく流れなどを具体的に示しながら、成長意欲を刺激し、企業としては成長を支える仕組みづくりに取り組んでいくことが重要です。

エンプロイージャーニーは、個人の成長と企業の成長の両面から考えていくことが重要です。

個人の成長の面では、ペルソナの成長をいくつかのフェーズに分けて考えます。フェーズは、例えば、現場担当、リーダー職、マネジメントといった役職と役割の変化です。現場業務とマネジメントでは必要なスキルが異なるため、いつ、どのようにしてスキルを身につけるのか、マネジメント層になるためにはどのようなスキルが必要なのか、身につけるためにはどのような課題があるのか、といったことを明らかにします。

スキルの習得では、どのスキルを、どの状態まで身につけると評価されるのかについても明確な基準をつくることが重要です。基準が見えることで個人として取り組む課題が見えやすくなり、公正な評価によって昇進などが決まると分かることによって企業や制度への信頼度も高くなります。

企業の成長は、企業として目指す中長期の姿を踏まえます。例えば、5年後に業界内のどの位置にいるか、地域や社会のなかでどのような企業として評価されているかといった姿を明確にします。

すると、そのために必要な人材が見え、従業員に求める役割も明確になります。売上額で業界トップクラスを目指すなら従業員の営業スキルを高める、新たな事業を手掛けるなら新しい挑戦を促し、その取り組みを評価するといった取り組みが見えてきます。

個人と企業はどちらも成長するため、企業が成長していく過程では個人に求める役割も変わります。そのことを前提として、個人と企業が一緒に成長していく様子をエンプロイージャーニーに反映させていくことが重要です。

採用ノウハウは企業の資産

採用活動を通じた社内での取り組みとしては、採用活動の内容をアップデートしていくことが重要です。これからの時代、場当たり的な採用活動では人を獲得できません。人口減少による人手不足は着実に進行し、それに対応してあらゆる企業が採用に力を入れ始めるため、競合をリードするためにはスピード感を持って質が高い採用戦略を確立することが重要です。

例えば、優秀な人材を獲得するためには、採用の専門チームが中心となって、現状の採用活動の良し悪しを分析したり、成長をもたらす人材を確保したりする取り組みを加速していくことが求められます。また、事業を成長させていくために必要なスキルを特定し、そのスキルを持つ人を着実に採用する採用活動のプロセスを持つこと、そして、それを社内で共有し、企業の成長戦略の重要なパーツとして取り入れることが、人手不足時代を勝ち抜くための経営課題です。

採用活動は、優秀な人材を獲得することによって人手不足を解消したり、次の成長に必要な人材を確保したりすることができます。また、その活動の精度と確度を高めていくことは企業の価値を高めることにつながります。

必要な人材を採用できれば、その成功体験を通じて採用の知見が獲得できます。「こうすれば高齢者が採用できる」「このアピール方法が就職氷河期世代に刺さる」といったことが分かり、再現性の高い採用活動を実行できるようになります。

空振りに終わることもあります。しかし、失敗も学びであるという視点を持つことにより、その取り組み方や取り組み内容から課題と改善点を見つけ出すことができます。採用活動は企業が存在している限り永遠に続きます。長期的に見れば失敗は改善のヒントであり、失敗の原因を分析することによって採用活動の質を高めていくことができます。

採用活動を通じて企業が得るノウハウとナレッジは、人手不足に悩む企業が増えていく社会で他社との差別化につながるはずです。人口減少という大きな社会変化のなかで、採用戦略は企業にとっての無形の資産としてその価値を高めていきます。

結果を振り返って課題を見つける

採用活動は企業の成長のために継続して行うものです。そのため、採用できた、またはできなかったといった結果が出て終わりではなく、次とその先の採用活動に向けて改善を繰り返していかなければなりません。つまり事業と同じようにＰＤＣＡを回し、採用戦略の実行と改善をセットで考える必要があります。とくに中小企業や地方企業は大企業と比べて応募者が集まりにくいため、より良い採用活動に磨き上げながら採用の確度を高めていくことが重要です。

そのために重要なのは結果のレビューです。うまくいった、またはいかなかった要因を深掘りし、改善点を考えることによって次の採用活動に備える必要があります。

結果のレビューは、まず採用活動そのものを振り返ることができます。その際のポイントは、アプローチ対象とアピール方法です。

アプローチについては、期待したとおりの応募があったか、そのなかにペルソナに合致する人はいたかを確認します。その数が足りなかった場合には、求人の対象地域に人が少なかったのかもしれません。その場合は地域を広げて採用活動を練り直します。

また、ペルソナに合致する人が少なかった原因として、余計な条件が入っている場合もあります。例えば、求めているスキルとは直接的には関係ないにもかかわらず、年齢や学歴を応募条件に含んでいるといったケースです。これはペルソナに合致する人からの応募を制限する原因になるため、企業として求めているスキル起点で見直してみるとよいでしょう。

アピール方法は、ペルソナに刺さったか、自社の強みは伝わったかを確認します。これは応募者や採用した従業員に聞くのがよいでしょう。

彼らが応募した背景には、フックとなった情報があるはずです。それは企業の規模や事業内容かもしれませんし、メッセージかもしれませんし、給料かもしれません。そのなかで何に興味を持ったのかをヒアリングによって明らかにすることでアピール方法を改善するためのヒントが得られます。興味を持った情報はより強く打ち出し、刺さらなかった情報は減らすことで、より洗練された求人広告に磨くことができます。

採用活動が継続的であるという点では、労働市場や求職者ニーズの変化をとらえることも重要です。売り手市場が着々と進んでいることからも分かるように、労働市場は常に変化しています。企業が求めるスキルや技術の面でも、例えば、社会や企業ニーズの変化に伴ってDX人材、ドライバー、介護従事者が不足するなどの変化が起きています。

着実に採用するためには、このような変化を見ながら自分たちの企業で不足するリスクが大きい人材を先読みして、中長期の採用計画を考えていくことが重要です。また、それに合わせてペルソナの見直しと再設定も必要です。

ペルソナは重要ですが、絶対ではありません。過去を見れば、給与などの条件面を重視していた求職者が、最近は仕事のやりがい、成長、社会貢献などを重視するようになりました。このような変化をとらえて、ペルソナも柔軟に調整や修正を行うことが重要です。

採用した人の活躍を確認

結果のレビューでは、採用した人のその後を振り返ることも重要です。ペルソナ設定からスタートする採用活動は、その内容が正しく実行できていれば、企業の成長に貢献する人が採用できているはずです。また、個人としても入社前に描いていたキャリアパスを着々と実現しているはずです。

その観点で、入社した従業員が期待どおりの活躍をしていなかったとしたら、その原因を採用活動全体に照らしながら探さなければなりません。例えば、そもそもペルソナに求めたスキルが企業の成長に不要だったのかもしれません。面接の際にペルソナとは違う人を採用したのかもしれません。ペルソナに合致する人からの応募が少なかったのだとしたら、メディアの選定や求人広告のメッセージに問題があった可能性があります。

採用した人が短期で退職している場合はさらに問題が深刻です。もともと短期の採用を狙っていた場合は別として、長く勤めてもらうはずの人が退職した場合は、その原因を追究し、ペルソナ設定を再構築する必要があります。

採用した人からは、入社後の満足度を聞くとよいでしょう。企業の特徴は採用活動では伝えきれないため、入社後の感想として、何を評価し、どこに課題を感じているかを聞くことで採用活動と日常業務の改善ポイントが見つかります。入社前と入社後では企業に対する評価や仕事に取り組むモチベーションが変わることも多いため、その変化についてもヒアリングを行います。

新たな人を採用した場合は、その人と一緒に働く人たちからも意見を聞くとよいでしょう。定量的には、その人が配属された部門の業務負担や業績がどう変化したのかを調べます。スキルが足りていなかった場合は、先輩や上司などが教育のために使う時間が増えている可能性があります。定性的には、部門の雰囲気やコミュニケーションがどう変わったのかを聞きます。これらヒアリングの結果も次の採用に向けたペルソナ設定に反映します。

私たちの顧客を見ると、採用力が強い企業は従業員満足度を定期的に調査しています。また、満足度調査は数値化することによって過去からの変化を見ることができるため、その特徴を活かして、採用のみならず、あらゆる施策の良し悪しを判定する材料にしています。

重要なのは、採用活動を継続的に改善していくことを目指して、満足度の推移と変化を見ることです。調査は、社内でアンケート項目をつくって実施することもできますし、外部の業者に依頼することもできます。

現在と未来のスキルの差を見る

採用した人の退職が多い場合、その原因は採用後の定着や育成のプロセスが原因になっている可能性もあります。人手不足の原因は、採用に問題があるか、定着に問題があるかのいずれかであるため、ペルソナ設定からスタートする採用プロセスに問題がなければ、入社後の定着に問題があると考えられます。

定着に問題がある場合、辞めた人の穴埋めをするために再び採用しなければなりません。採用弱者の企業にとってこれは労力、時間、コストの全ての面で大きな負担となるため、入社後のフォロー体制を見直し、定着率を高める（離職率を抑える）ことが求められます。

そこで重要なのが、人的資本経営の考え方です。これは、人材を企業の資本ととらえて、彼らのスキルと潜在的な成長の可能性を最大限に引き出すことによって中長期的な成長と企業価値向上につなげていくものです。

従来の経営では、人材は経営資源の一つとされてきました。つまり「ヒト・モノ・カネ」のヒトで、効率よく働いてもらうことによって成果を最大化する戦略が重視されてきました。

一方の人的資本経営では、人材を利益や価値を生む存在と位置付けます。そして、彼らに投資し、スキルを伸ばすことによって成果を最大化します。

この考え方に基づくと、採用は外部から資本を獲得すること、入社後のフォローは、その資本を育てることといえます。具体的には、現在のスキル（Ａｓ Ｉｓといいます）と、彼らに求めるスキル（Ｔｏ Ｂｅといいます）を可視化し、そのギャップを埋めることを目指します。

これは育成の取り組みであるため採用活動の領域外です。しかし、経営全体では採用と育成の連携が重要であるため、企業が将来的にどのような人材（Ｔｏ Ｂｅ）を求めているかを把握しておく必要があります。また、採用時のメッセージで求職者に期待を伝える際も、Ｔｏ Ｂｅを理解することにより、ペルソナにどのような成長と活躍を求めているかを伝えることができます。

心理的つながりが定着率を高める

従業員の定着率を高めるために、採用活動で意識する必要があるのはエンプロイーエクスペリエンス（ＥＸ）です。これは入社した従業員が退職するまでのキャリアパスで経験するさまざまなことを表す言葉で、スキルアップ、資格の取得、責任ある役職に就くことなどが含まれます。

ＥＸは、従業員が仕事を通じて得る価値の一つであるため、ＥＸが低いと感じると退職の意思も強くなります。採用活動の観点では、求人広告などで「こんな働き方ができる」「このような成長ができる」といったメッセージを伝える一方、実際に入社してそれらが得られないと感じると、ＥＸが低いと評価されます。

そのため求職者に向けてメッセージを伝える際には、入社後にどのようなＥＸがあるかを的確に把握しておく必要があります。また、求職者へのメッセージをより刺さるものにするためには、入社後の育成やスキルアップのためのフォロー体制も強化していかなければなりません。

定着率を高めるためには、従業員満足度（ＥＳ）を高めることも重要です。ＥＳは、業務内容、労働環境、人間関係を含む職場環境、待遇など、企業が従業員に提供するさまざまな要素に対する満足度を表します。満足度が高まるほど仕事に対するやりがいを実感しやすくなり、仕事に取り組むモチベーションも高まりやすくなります。その結果、コミュニケーションが活性化する、イノベーションが生まれやすくなるといった効果につながり、生産性が向上します。また、企業、職場、同僚などとのつながりが強くなり、転職するメリットを感じなくなるため、定着率が高まります。さらに良い職場と評価されることで友人や知人などのリファラル採用も増えやすくなります。

ＥＳはアンケートやヒアリングによって調査するのが一般的です。調査項目は、働きやすさに関わる職場環境、業務内容に対する評価、職場の人間関係、企業のパーパスなどへの共感などを中心とし、満足度が低い項目は離職リスクを高めるものと位置付けて改善していきます。

成果を出せる支援で帰属意識を高める

従業員の満足度という点では、エンゲージメントも重要です。エンゲージメントとは、従業員が企業に貢献することを約束し、一方の企業も従業員の貢献に対して報酬や待遇などで報いることを約束することによって成り立つつながりのことです。

エンゲージメントは、働くことで得られる満足感という点ではESと同じです。ESもエンゲージメントも、それぞれ低下することによって定着率も低下します。逆に、上昇すると、生産性、売上高、利益率が高くなり、業務上のミスや欠勤が少なくなるという調査結果もあります。

ただし、ESが企業から従業員に提供するものやことによって上下するのに対し、エンゲージメントは企業や業務に対する従業員の共感や愛着といった内面から生まれる点が異なります。そのため、例えば、企業への帰属意識が薄い人（エンゲージメントが低い人）に対して企業が福利厚生として従業員交流の食事会を開いたとしても、そもそも企業やメンバーへの愛着が薄いためESは上がりません。

エンゲージメントを高めるためには、企業が従業員を価値ある存在として大切にすることを約束し、伝える必要があります。それを受けて、従業員は社内における自分の価値を認識し、長く勤めたい、より大きな貢献をしたいと考えるようになります。

採用活動では、自分たちの企業が従業員の貢献に期待していることだけでなく、その貢献に公正に報いること、そのための制度が整っていることなどをアピールすることが重要です。また、既存の従業員の満足度やエンゲージメントが高く、待遇などに納得して仕事に取り組んでいる様子などを従業員の声などを通じて伝えることも効果的です。

ちなみにエンゲージメントの調査（ギャラップ社「グローバルワークプレイスの現状2024年版」）によると、日本企業のエンゲージメントは調査対象である139カ国中の最低レベルです。また、エンゲージメントが高い状態で働いている人は6％しかいません。つまり従業員のほとんどは企業や仕事への貢献意欲がなく、必要最低限の仕事だけを受動的にこなしています。言い換えると、エンゲージメントが高い状態で働ける人を採用できれば、それが他社との差別化要因になるとともに、生産性や業績を大きく伸ばせる可能性があります。

成果を生み出す組織をつくる

定着率を高めるためには、入社した人が活躍できる、成果が出せる環境にすることも重要です。成果は評価につながり、従業員の「自分はこの企業に必要な存在である」という自己肯定感を高めます。その気持ちが強くなるほど企業への帰属意識が高くなります。

そのための組織づくりをイネーブルメントといいます。イネーブルメントは、成果を起点とする人材育成を通じて、継続的に成果を出す組織をつくることです。企業の成長が人員の数と生産性の掛け算であるという話に立ち返ると、エンゲージメントはメンバーの定着率を高めることによって人の面から成長を生み出し、イネーブルメントは組織として成果を出すことによって生産性の面から企業の成長を後押しします。

イネーブルメントが注目されるようになった背景には組織の成長戦略の変化があります。労働力が豊富だった時代は、大量採用と人海戦術で成果を伸ばしていくことができました。売上は基本的には人の数と比例するため、増員すれば売上も増え、それが企業の成長につながっていたわけです。

しかし、人が減っていく社会では人海戦術は実行できません。そのなかで企業を成長させるには一人ひとりの生産性を高めながら、人数を増やすことなく組織の生産性を高めていかなければなりません。このような背景からイネーブルメントが注目されるようになったのです。

イネーブルメントの取り組み方法は、オンボーディング、業務に関わるスキルの育成、業務を実践的に学ぶためのフォローとコーチングなどがあります。重要なのは組織単位で成果を出すことであるため、一緒に働く従業員とのコミュニケーションを活性化したり、成果を出すために必要なツールやデータやシステムを準備し、そのチームとの連携を深めたりすることも重要です。また、成果を継続的に出していくために、イネーブルメントの取り組みも単発的ではなく継続的に行っていくことが重要です。

私たちの顧客では、採用した中堅のマネージャー候補と既存の若い従業員がタッグを組んで成果の創出に取り組んでいるケースがあります。入社してしばらくの間は若手従業員が社内独自のルールなどを伝え、中堅に覚えてもらいます。また、中堅にはそれらのルールなどを踏まえたうえで、自分が持つ経験やスキルを若い従業員に伝えながら、それを社内に定着させていく方法を考えてもらいます。

マネージャー層の採用では、採用した人がいきなり前職のやり方を導入しようとすることにより現場で軋轢《あつれき》が生まれることがあります。それを避けるためには、これまでの業務プロセスを知っている若い社員の反応を見ながら、導入できそうなものから優先的に取り入れたり、社風などを考慮して定着させる方法を考えたりすることが重要です。若手と中堅の組み合わせは、双方が教え役と教わり役になることによってコミュニケーションが良くなります。これを成功体験としながら関わる人を増やし、成果を出す大きなチームへと成長していくことができます。

従業員を育てる2つのリーダーシップ

入社後の育成の仕組みは企業によって異なります。ただ、人が少なく、即戦力を求める傾向が強い中小企業は、先輩について現場で業務を学ぶＯＪＴで研修を進めていくケースが多いといえます。ＯＪＴは、事業内容などを座学で学ぶケースと比べて実践的であり、仕事が覚えやすくなるのが特徴です。

採用活動では、自分の入社後のキャリア形成と、その支えとなる育成の仕組みに関心を持つ求職者が多いため、どれくらいの期間で、どのようなフォローを行っているかを明確にして伝えることが重要です。直近で入社した従業員がいれば、その人がどういうキャリアパスを描き、どのような仕事を担当し、どれくらいのスピードで成長しているかを伝えると説得力が増します。

また、未経験の人は手厚いフォローを希望し、経験者で成長志向が強い人は早く独り立ちしたいと思うため、募集するペルソナに応じてフォロー体制も柔軟に変えられるようにするとよいでしょう。

例えば、入社当初は仕事の流れなどを覚えるためにＯＪＴが必要ですが、その期間が長くなると仕事の進め方が受け身になり、指示待ちの人材になってしまう可能性があります。仕事は自力で取り組んだ仕事の成功体験によって楽しくなっていく側面があるため、ＯＪＴによる過剰なフォローは仕事をつまらなく感じさせ、それが辞める原因となることもあります。

新卒採用のように経験や年齢がほぼ同じ人が入社する場合と比べて、就職弱者の採用は、高齢者、就職氷河期世代、フリーターなど対象が幅広く、年齢や経験がバラバラです。そのため、リーダー層による指導方法も彼らに合わせるのが理想です。

例えば、ＯＪＴのように指示系統を明確にして教える方法は、若い人や未経験者に向いています。これは支配型リーダーシップと呼ばれ、トップダウンで仕事を教え、進めていきます。

一方、年齢層が高い就職氷河期世代や高齢者に対しては、それぞれの経験や個性を尊重しながら、背中を押すようにして支援するリーダーシップが向いています。これはサーバントリーダーシップと呼ばれます。

これら2つは、どちらが良い悪いということではなく、育成対象である従業員や目指したいチームの方向性などによって向き不向きがあります。例えば、指示待ちの傾向がある人は背中を押しても自主的には動かないため、サーバント型より支配型のほうが向いています。チームの雰囲気として自由に意見を出し合えるようにするのであれば、支配型よりサーバント型のほうが向いています。これもペルソナに合わせることが重要です。

また、採用する人のキャリアパスにおいても、将来的にリーダー層やマネジメント層を目指してもらうためには、支配型とサーバント型のどちらのタイプになってほしいのかを考える必要があります。採用活動で具体的なキャリアパスに言及する必要はありませんが、採用した人は次の会社の成長を牽引《けんいん》し、企業や地域の核になって活躍する立場になるため、ペルソナに期待するリーダーシップは考えておくとよいでしょう。彼らが入社後もキャリアパスをイメージできるように、評価や昇進の制度もあらかじめ整えておくことが大事です。

インターンシップでミスマッチを防ぐ

少し先に目を向けると、これからの社会では売り手市場が進むことを前提として、数少ない人材をなるべく高確率で獲得できるように、企業の採用方法も多様化していくと考えられます。

例えば、インターンシップです。米国などでは日本式の就職活動がない（むしろ日本だけが独自の就活文化がある）ため、就職したい企業でインターンとして仕事をしてから選考を受けるのが一般的です。日本の求人サイトのように、米国には企業と学生をマッチングするインターンのマッチングサービスもあります。

インターンシップの良いところは、就職する前に業務内容を理解でき、職場の雰囲気も分かることです。本書のテーマにおいても、インターンシップのように企業と求職者の双方にとってのお試し期間があることによって採用のミスマッチを防ぐことができます。ミスマッチによるダメージが大きい中小企業や地方企業こそ、インターンシップを導入するメリットは大きいといえるでしょう。

国内でもすでにインターンシップを導入している企業もありますが、現状は、実務経験よりもワークショップなどで業界や業務内容を体験する内容が多く、期間も数日で終わってしまいます。

一方で、少数ですがインターンシップに近い形で長期の体験機会をつくっている企業もあります。私たちの顧客でも、Ｉターン需要を狙っている地方のＩＴ企業が、地域の行政と連携して1年から2年という長期間で農作業を体験する機会をつくっている例があります。

農作業を選んでいる理由は、プログラミングなどの業務よりも地域の人たちと接し、顔見知りになれるからです。この企業は地域に根ざした事業活動を掲げ、事業活動を通じた地域貢献を重視しています。その観点から、入社を希望するIターン層にも地域コミュニティに入るきっかけをつくっているのです。

採用活動では、この企業は他社とは異なるキャリアパスが実現できることを打ち出し、一般的なエンジニア募集とは異なる層の応募者を獲得しています。エンジニアとして成長を目指す人と地域貢献を目指す人は考え方などが異なるため、競合とは違う分野でアプローチ対象を広げる点でもこれは参考になる事例です。

今後は採用の多様性の観点から新しい方法に取り組む例が増え、成功事例が認知されることによって広がっていくだろうと思います。

ワークシェアで柔軟な働き方を実現

雇用形態では、一日8時間労働という考え方も変わっていく可能性があります。例えば、北欧では1つの仕事を2人以上で分担するワークシェアリングの導入が増えています。

ワークシェアリングは短時間正社員制度とも呼ばれ、従業員は正社員として働くことができ、パートとして働くこともできます。

日本は、一日8時間労働が当たり前のこととして定着しているため、短時間で働きたい人はパートやアルバイトとして働くしかないのが現状です。その点、ワークシェアリングは短時間でも正社員として働くことができ、正社員としての各種保障が受けられます。

仕組みとしては日本でも最近増えている時短勤務と似ています。ただ、時短勤務で働くためには、基本的には育児や介護といった理由があることが前提です。ワークシェアリングは、そのような理由に関係なく、より広い人を対象として時短勤務することができます。

ワークシェアリングを導入すると、半日勤務や週休三日制といった自由度が高い働き方ができるようになります。残りの時間は自分が好きなように使えるため、家庭の事情などによって短時間勤務しかできない人も仕事ができます。労働意欲はありつつ、フルタイムでは働きたくないと考えている人もいますので、そのような人にも向いています。

今後は国内の高齢者が増えていくため、人手不足解消では、この層をいかに取り込んでいくかが重要です。1つの仕事を分担するため1人あたりが得る給料は少なくなりますが、生活費が苦しい人を除けば、年金の足しになればよい、という感覚で仕事を探す高齢者も多く、その点でもワークシェアリングは高齢者にとって良い選択肢になるでしょう。

人を起点として求職者を開拓

人脈を活用する採用も重要です。人脈の点では、すでに社会では従業員の知人を採用するリファラル採用が増えつつあります。リファラル採用の特徴は、人を起点として求職者を探すことです。

従来型の採用活動は、求人メディアや採用イベントを起点として求職者を探します。これは王道であり定番の方法で、より広い層にアプローチできるのが特徴です。

しかし、その方法で人を確保するのが難しくなってきたことから、人脈で採用する方法が注目されるようになりました。今はまだその初期段階で、今後は個人の人脈をさらに掘り下げ、より多くの求職者を見つけ出していくようになるだろうと予測できます。

アルバイトの世界では、ファストフード店などは従業員の友人や知人の開拓に力を入れています。マクドナルドはその代表例で、親子で働く人もいます。

求人メディアなどを見る人は顕在化した求職者で、その数はこれから減っていきます。一方には、「機会があれば働きたい」「きっかけがあれば正社員として仕事をしたい」と思っている潜在的な求職者もいます。高齢者、出産を機に退職した女性、フリーターなどはその一例です。

既存の従業員の親、子、きょうだい、親戚なども潜在的求職者である可能性があります。その層に目を向けることで、「家族に勧められたから」「親戚が働いているから」といった人を起点とするきっかけを通じて採用可能な人を開拓していくことができるのです。

2040年に備え、中小企業こそ働き方改革が必要

理想の働き方は人それぞれです。従来は、企業が規定した働き方に従業員が合わせるのが当たり前でしたが、今後は売り手市場が進んでいくことにより、従業員が求める働き方に企業が合わせていく流れが加速するでしょう。

働き方改革は、まさにその変化の象徴的な取り組みです。働き方改革は、働く人々が、個々の事情に応じた多様で柔軟な働き方を、自分で「選択」できるようにするための改革（厚生労働省の定義）です。

その背景には、国内の人口減少の対策として「一億総活躍社会」を実現する狙いがあります。これは、新卒層を中心とする就職強者にとらわれず、あらゆる人を雇用の対象に含めて労働力を確保していかなければならない状態にあることを意味しています。

この流れのなかで、企業は従来型のフルタイム勤務が難しい人の事情を踏まえて、時短勤務などの制度を導入するようになりました。また、コロナ禍ではリモートワークで

働く新しい働き方が浸透し、これも働き手の選択肢を増やすことにつながっています。

リクルートワークス研究所は、国内で65歳以上の高齢者の増加が2044年まで続く一方、労働力を提供する15～64歳の現役世代の人口は2040年まで急激に減少するという見通しを立てています。さらに、この見通しが正しければ、現在人口およそ1億2000万人の日本で2030年には約341万人、2040年には約1100万人もの労働力不足が発生すると試算しています。この「2040年問題」が現実になった場合、人材獲得競争は現状からさらに激化します。

採用弱者の企業は、働き手を確保するためにより柔軟に働き方を変えていかなければなりません。働き方改革というと、余裕のある都市部の会社が先行して取り組んでいるイメージを持つかもしれませんが、真に改革が必要なのは中小企業や地方企業です。休暇制度やリモートワークといった新しい流れをできるだけ早く取り入れ、同一労働同一賃金の実現などにも取り組みながら、従業員が働きたいと思い、働ける環境に変えていくことが求められます。

雇用形態も同じです。今の一般的な雇用形態は、都市部の企業で定着し、その方法や仕組みを中小企業や地方企業が取り入れてきました。しかし、より多くの求職者を対象とするなら、中小企業や地方企業の雇用形態は都市部の大企業よりも柔軟にしなければなりません。

いつでも戻れる場所になる

働き方を多様化していくことは、地方企業にとってのチャンスになるはずです。地方から都市部に出て働いている人たちのなかには、「一定期間働いたら地元に戻ろう」「結婚や出産を機に地元に戻ろう」と考えている人がいます。

これらUターン需要は今もありますが、その背後には、「満足して働ける仕事がないから」「理想的な働き方ができないから」といった理由で、都市部にとどまっている人も潜在的に存在しています。つまり働き手の希望が多様化しているのに対して、地方企業の働き方が硬直化しているため、地方の労働力が地方から都市部への一方通行になっているということです。

この課題を先取りして、多様な働き方ができる制度や仕組みをつくれば、地方企業は潜在的なUターン需要の受け皿として求職者を増やすことができます。「帰っても地元に仕事がある」と認知されれば、それが安心感となり、働き手は自分の好きなタイミングで地元に戻ることができます。都市部で定年まで働くことのほかに、退職して地元で再就職するという選択肢が増えることで、キャリア形成や人生の選択肢も広がります。

地域の出身の人のなかには、引退するときは地元で働いていたいと思っていたり、都市部の企業で専門的な技術などを身につけ、いずれ地域に持ち帰りたいと考えていたりする人もいます。地元に柔軟に働ける企業が増えれば、そのような人たちも戻ってきやすくなり、地域内の人材の層が厚くなります。人材が戻ることによって地方経済が活性化しやすくなり、地方格差の是正にも結びつくでしょう。

地域内での知名度を高める

都市部から人を呼び戻して地方企業の人手不足を改善するために、もう一つ解決しなければならない課題があります。それは、地方企業の認知度が低いことです。

柔軟に働ける環境をつくっても、企業の存在が知られていなければ人は戻ってきません。地方の中小企業は地域に住んでいる人にも知られていないことがあり、とくにBtoB企業やニッチな事業を展開している企業は、その業種すら知られていないことがあるのです。

この課題を解決するためには地域とのつながりを増やし、認知度を高める必要があります。例えば、近隣の学校などと協力して、自分たちの仕事に関わるテーマでワークショップなどを開くことができるかもしれません。同じ課題を持つ企業と連携してイベントなどを開くこともできます。企業広告は、一般的には消費者向けに行いますが、社名や事業を知ってもらうために地域内での広告を検討してみることもできるでしょう。

これはブランディングの領域で、採用とも深く関わります。「地元に戻ったらあの企業で働こう」と思ってもらうために地域内での企業の周知活動には力を入れる必要があります。

企業や事業や業界について知ってもらう方法はブランディングの観点でいろいろと考えられます。本書の最後に、私が将来的に挑戦したいと思っている構想を紹介します。それは、都市から地方へ、また地方から地方へと人材の流動化を図るカフェを作ることです。

カフェには進路の相談ができるキャリアアドバイザーに常駐してもらいます。例えば、Iターン希望の人が地方にどのような仕事があるか聞いたり、地方移住のアドバイスを受けたりしながら、自分のキャリアパスを考えたり、実現するために必要な情報を得られるようにします。

また、店内にはさまざまな職業をテーマとした漫画を置き、無料で読めるようにします。漫画は多ジャンルで日常生活では接点がない職業も出てきますので、それらを通じて各業界や業種を知ってもらうきっかけをつくり、自分のキャリアについて考えるヒントにしてもらいます。

このような場に気軽に立ち寄ることができれば、地方で働く魅力についての関心が高まりやすくなるでしょう。ハローワークに行ったり、転職サイトに登録したりする予定はなく、しかし、なんとなく転職の可能性を考えていたり、今の仕事に漠然とした不安を持っていたりする人も、カフェなら行きやすいでしょう。

そこで得た情報がトリガーとなって本格的に転職を考えるようになるかもしれません。まだ計画は具体的ではありませんが、将来的には47都道府県に最低でも1店ずつ仕事カフェを作ることが目下の私の目標です。

採用の変革が地域経済を活性化させる

日本に存在する企業の99％は中小企業です。地方においては99・9％が中小企業であり、地方の経済活動は中小企業によって成り立っているといっても過言ではありません。

就職弱者の採用は、これら中小企業の魅力を高める要素の一つです。従来の中小企業経営は、採用と育成を含む人的資本経営という点で大企業のまねをしてきました。その結果が、優秀な人（若さや経験の面で）を採用できず、人手不足に悩むこととなった現状です。

労働力が減っていくことが確定しているこれからの社会では、大手企業のまねをするだけでは経営が立ち行かなくなります。これからの社会では人口減少に伴って労働者一人の価値が高まり、何人採用できるかより、少数でもよいのでどれだけ自社にマッチする人を採用できるかが重要になってきます。

その点で今はまさに採用活動の発想を根本的に変えなければならないタイミングです。そのことに気づき、採用方針を変革する企業が成長します。それが地方経済の活性化につながり、ひいては魅力や特徴がある企業が増えるという点で、日本全体の経済成長にもつながっていくはずです。

就職弱者が社会で活躍するようになれば、彼ら一人ひとりが輝けます。受験から始まり、就職活動を勝ち抜いた就職強者も引き続き重要ですが、多様な層の人を巻き込みながら、より多くの人が満足感と納得感を持って仕事に携われるようになることが重要なのです。

これから就職弱者の活用が進むほど人材はさらに流動的になります。それが一般化することで、例えば、地元で働きたい、自分のペースで働きたいというニーズが顕在化します。そのニーズをいち早くつかむ企業が自社に必要な人材を獲得し、成長していきます。重要なのは、この流れに乗れるかどうかです。進化論で有名なダーウィンは、変化に適応するものが生き残ることを証明しました。企業も同じで、VUCAといわれる不確実性が高い社会では、その変化をとらえ、人材戦略を適応させていける企業が10年、20年先を見据えた成長を実現できるのです。

おわりに

広告制作を行うかたわら、静岡県にある高校で講師をしていました。きっかけは、私が求人広告の制作をしていることを知った同校の理事長から声がかかったことでした。生徒たちの自主性を伸ばしたい、そのために数カ月かけて映像制作のワークショップを開きたいので、指導役をしてくれないか、という依頼でした。

私は二つ返事で引き受けました。生徒の指導は未経験ですが、映像なら広告の延長でどうにかできそうです。性格的にも、経験のないことや新しいことには自然と興味が湧くタイプです。

この性格は広告制作に向いています。世の中にはありとあらゆる広告があふれているため、見る人の興味を引くためには常に新しいアイデアを出し続けなければなりません。その作業を延々と繰り返していくために新しいもの好きの性格は適しているのです。

話を戻して、高校の話です。

ワークショップの内容は私に任されたため、数人ずつのチームに分かれてショートフィルムを作ってもらうことにしました。テーマを設定してストーリーを考え、監督、演者、撮影も自分たちで役割分担するという内容です。モチベーションを高めるために、生徒たちから最も評価された作品をグランプリとして表彰し、主演やシナリオなどにも賞をつけることにしました。

学校を訪れたのはそれから間もなくのことです。当日、意気揚々と出向いた教室では約30人の生徒が待っていました。

生徒の8割は椅子にふんぞり返ってダルそうに私を値踏みしています。残りの2割はもっとダルいのか、机に伏せて寝ています。こうして私は、8割の不良学生と2割の無気力な生徒たちを相手に映像制作を指導することになったのです。

当然ながら、彼らにとってワークショップは「ウザい課題」以外の何物でもありませんでした。しかし、最初はなんの興味も示していなかったのですが、回を重ねるにつれて自分の意見を言うようになり、動くようになっていきました。さらに続けていくと、各チームでヤンキーの生徒がリーダー役となり、無気力な生徒に指示を出すようになり、私が何も言わなくても順調に制作が進んでいくようになりました。終盤に差し掛かる頃には各チームで笑顔や笑い声も飛び交うようになり、全チーム無事に作品を完成させることができたのです。

そして迎えた最後のワークショップの日は上映日にして、生徒の投票でグランプリを選びました。選ばれたのはクラス一、素行の悪い生徒がリーダー役となって作った作品でした。その後の表彰式で賞状を渡すと、意外なことに彼は涙ぐみました。生まれて初めて賞状をもらったことに感極まったのだそうです。

あれから16年が経ち、ついに本年、元弊社社員で教育系の一般社団法人を立ち上げた若手人材にあとを託し、講師を引退しました。

この特設授業で関わった生徒数は延べ４００人。彼ら彼女らはチームワークの楽しさ、自分の役割を持つことの価値、周りから認められる喜びを感じ取ったと思いますし、徐々に進学率が向上するなど、一定の成果も上げることができました。

一方の私も大きな学びを得ました。

それはトリガーがあれば人は変われるといったプロセスを目の当たりにしたことです。映像制作が彼らにとってのトリガーとなり、ダルくてウザかった日常と、その先にある人生が大きく変わることになったのです。

この学びは、今も私の仕事の根底にあります。私は日々、求人広告の制作に取り組んでいます。その先にいるのは自分のキャリアを真剣に考え、目標に向かって動き出そうとしている人たちです。その人たちのために、私は求人広告というトリガーを作り続けているのだと思っています。

本書は、人口減少、少子高齢化、都市と地方の格差といった大きな社会課題に対して、求人広告制作という立場から私なりの提案をぶつけたものです。これらの課題は一朝一夕で解決できるものではありません。人口については今後数十年間にわたって減り続けていくことがほぼ確定し、本編でも触れたとおり、中小企業や地方企業を取り巻く環境はよりいっそう厳しくなっていきます。

しかし、だからといって手をこまねいているわけにはいきません。日本の企業の99%以上を占める中小企業が採用力を持てば、また、その過程で潜在的な労働力である就職弱者がそれぞれのスキルや可能性を発揮する機会に恵まれれば、個人と企業の未来は必ず良い方向に変わると思っています。最初は目に見えないような小さな変化だったとしても、適材適所を実現する採用戦略が全国津々浦々に波及していくことで、30年超にわたって成長しなかった日本全体も再び元気を取り戻す可能性が十分にあるはずです。

そのためのトリガーは仕事です。映像制作を機に生徒たちが成長していったように、社会においても、仕事を任せる企業と、それを担う個人が最適なマッチングによって新たな成長をもたらします。また、仕事をつくり出し、社会を良い方向に変えるトリガーとして提供できるのは企業です。その点で、中小企業も地方企業も社会を変える力を持っています。その力を存分に発揮して、採用活動を通じた変革を起こしてほしいと期待しています。

採用は変革をもたらします。そう断言できるのは、私たちの顧客が採用力を武器にしながら着々と成長していく様子を目の当たりにしているからです。

そのことに気づかせてくれた顧客企業の皆さまに、この場を借りて感謝申し上げます。高校生を指導するという大役を任せてくれた理事長先生、地域振興という目標を共有してともに取り組んでくれている関係者の皆さまと当社のメンバーたちにも感謝申し上げます。

２０２４年10月

渡邉 崇

渡邉 崇（わたなべ・たかし）

株式会社トランスヒューマン代表取締役
高校卒業後、パニック症候群に罹患し半年間の引きこもり生活を送る。その後はフリーターとして日雇いなどのアルバイト職を転々とし、1996年、株式会社リクルート入社。求人広告制作のアシスタントを経て、大手企業の人材採用戦略の策定、媒体の企画、各種コンテンツの制作ディレクション、ライティングに従事。

2002年にフリーランスとして独立。仕事と両立しつつ法政大学文学部卒業、法政大学大学院政策科学研究科・修士課程修了。 大手企業を中心とした人材採用戦略、メディアコンテンツ実制作を担う一方で、大手人材斡旋企業で人材育成モデルの立ち上げ、地域振興シンポジウムの新しい企画などを実現。また、地域振興策をメディアプロデュースの立場から立案するなど、「人材流動化×地域振興」の可能性を探る。

大学図書館支援機構、日本航空高等学校静岡本部（現：中京高等学校）、誠恵高等学校、東京家政大学等、講演、特別企画授業の実績多数。2009年、前代表から声がかかり、会社設立プロジェクトに参画。 2011年、株式会社トランスヒューマン取締役、経営企画、メディアコンテンツ制作、地域活性事業を担当。2014年、代表取締役社長就任。ロシア科学アカデミー東洋学研究所派遣研究員(2012年)、法政大学地域研究センター・リサーチアソシエイト（2005～2013年)、地域活性学会会員（2009～2012年)。

本書についての
ご意見・ご感想はコチラ

不毛な人材獲得競争から脱却!
中小企業のための新しい採用戦略

2024年10月11日　第1刷発行

著　者　　渡邉 崇
発行人　　久保田貴幸

発行元　　株式会社 幻冬舎メディアコンサルティング
〒151-0051　東京都渋谷区千駄ヶ谷4-9-7
電話　03-5411-6440（編集）

発売元　　株式会社 幻冬舎
〒151-0051　東京都渋谷区千駄ヶ谷4-9-7
電話　03-5411-6222（営業）

印刷・製本　中央精版印刷株式会社
装　丁　　村上次郎

検印廃止

Printed in Japan
ISBN 978-4-344-94824-2 C0034
幻冬舎メディアコンサルティングＨＰ
https://www.gentosha-mc.com/